RESISTÊNCIAS E
DES
COLONIALIDADES

Dirce Eleonora Solis (org.)

Desconstrução,
Resistências e Desvios
na arquitetura e filosofia

UNIVERSIDADE DO ESTADO DO RIO DE JANEIRO
Reitor:
Mário Sérgio Alves Carneiro
Vice-reitor:
Lincoln Tavares da Silva

PRÓ-REITORIA DE PÓS-GRADUAÇÃO E PESQUISA
Luis Antonio Campinho Pereira da Mota

CENTRO DE CIÊNCIAS SOCIAIS-CCS
Dirce Eleonora Nigro Solis

INSTITUTO DE FILOSOFIA E CIÊNCIAS HUMANAS-IFCH
Jaime Antunes da Silva

REITORIA: Campus Francisco Negrão de Lima
Pavilhão João Lyra Filho
R. São Francisco Xavier, 524, andar térreo, Bloco F – Sala T014
Maracanã – Rio de Janeiro – RJ – Cep 20550-900
https://www.uerj.br/
Tel. : (21) 2334-0652
reitoria @ uerj.br

COLEÇÃO: DESCONSTRUÇÃO, RESISTÊNCIAS E DESVIOS NA ARQUITETURA E FILOSOFIA

Desvio para Torres - De(s)tours de Tours -, talvez Derrida assim teria nomeado esse evento, e a partir daí desdobraria e desconstruiria o sentido das torres como símbolo do poder, assim como daria continuidade à exploração do sentido de desvios. *Desconstrução, resistências e desvios na arquitetura e filosofia* é o título do III Colóquio Internacional, promovido pelo Grupo de pesquisa do CNPq: Arquitetura, Derrida e Aproximações, uma troca de ideias entre arquitetura, artes, literatura, e a filosofia da desconstrução de Jacques Derrida e suas aproximações com outros filósofos e escritores da desconstrução. Este encontro deu continuidade à reflexão que une e visa consolidar cada vez mais o pensamento filosófico de Jacques Derrida com as questões do espaço e da cidade. Nesse encontro, refletiu-se sobre os estudos dos integrantes do grupo e convidados, e as formas de resistências ao desmantelamento da Universidade Pública, em seu tripé: Graduação, Pesquisa e Extensão e as aproximações com as comunidades e os coletivos sociais. O grupo contou com pesquisadores de Universidades brasileiras (UERJ, UFRGS, UFPEL, ULBRA), assim como da Universidad de Buenos Aires. O evento realizou-se na cidade de Torres, Rio Grande do Sul, Brasil, durante o período de 26 a 29 de novembro de 2019; na sede da Universidade Luterana do Brasil, em Torres. A coleção leva o mesmo título do Colóquio e reúne em 4 tomos os artigos das apresentações, cada um destinado a uma temática, seguindo basicamente a mesma organização e estrutura do evento. A saber:

1. Resistências e descolonialidades. Dirce Eleonora Nigro Solis (org.)
2. Resistências e desconstruções no ensino. Renata Selau de Matos, Efreu Brignol Quintana e Enilton Braga da Silva (org.)
3. Resistências e errâncias. Marcelo Kiefer e Gabriel Silva Fernandes (org.)
4. Resistências e desvios. Malu Magalhães e Caroline Clasen (org.)

Dirce Eleonora Nigro Solis e Fernando Freitas Fuão

III Colóquio Internacional: Arquitetura, Derrida e Aproximações
Desconstrução, resistências e desvios na arquitetura e filosofia

Grupo de pesquisa CNPq: Arquitetura, Derrida e Aproximações.

INSTITUIÇÕES PROMOTORAS
Universidade do Estado do Rio de Janeiro (UERJ)
Programa de Pós-graduação em Filosofia (PPGFIL)
Universidade Federal do Rio Grande do Sul (UFRGS)
Programa de Pesquisa e Pós-graduação em Arquitetura (PROPAR)
Universidade Federal de Pelotas (UFPEL)
Programa de Pós-graduação em Arquitetura e Urbanismo (PROGRAU)
Universidade Luterana do Brasil - Campus Torres (ULBRA)

COMISSÃO ORGANIZADORA
Dirce Eleonora Solis (Departamento de Filosofia/ Pós-graduação, UERJ)
Efreu Brignol Quintana (Curso de Arquitetura e Urbanismo, ULBRA-Torres)
Enilton Braga da Silva (Curso de Arquitetura e Urbanismo, ULBRA-Torres)
Renata Selau de Matos (Curso de Arquitetura e Urbanismo, ULBRA-Torres)
Fernando Freitas Fuão (Faculdade de Arquitetura, PROPAR, UFRGS)
Marcelo Kiefer (PROPAR, UFRGS)
Celma Paese (UFRGS/UNIRITTER)

COMITÊ CIENTÍFICO COLÓQUIO / COMITÊ CIENTÍFICO EDITORIAL
Dirce Eleonora Nigro Solis (Departamento de Filosofia/Pós-graduação, UERJ)
Fernando Freitas Fuão (Faculdade de Arquitetura, PROPAR, UFRGS)
Rita de Cassia Lucena Velloso (PROARQ, UFMG)
Eduardo Rocha (Faculdade de Arquitetura e Urbanismo, PROGRAU, UFPEL)
Igor Guatelli (Faculdade de Arquitetura, Instituto Presbiteriano Mackenzie)
Marcio Pizarro Noronha (ESEFID/ UFRGS)
Marly Bulcão Lassance Brito (Departamento de Filosofia/ Pós-graduação, UERJ)
Rosa Maria Dias (Departamento de Filosofia/Pós-graduação, UERJ)
Wilton Medeiros (Faculdade de Arquitetura, Universidade Estadual de Goiás)
Marcelo Moraes (UFFP/ UERJ)
Vicente Medina (Universidade de Tucumán - Argentina)
Monica Cragnolini (Universidade de Buenos Aires - Argentina)
Rafael Haddock Lobo (Programa de Pós-graduação em Filosofia, UFRJ)

DIRCE ELEONORA NIGRO SOLIS (Org.)

TOMO 1
RESISTÊNCIAS E DESCOLONIALIDADES

1ª edição

Rio de Janeiro

2022

Coleção: Desconstrução, resistências e desvios na arquitetura e filosofia
- v. 1
© Solis, Dirce Eleonora Nigro Solis (org.)
1ª edição 2022

Direitos reservados desta edição: Mauad Editora Ltda.
Rua Joaquim Silva, 98, 5º andar — Lapa — Rio de Janeiro
CEP: 20241-110 — Tel.: (21) 3479.7422 - 97675-1026
www.mauad.com.br

Projeto gráfico: Fernando Freitas Fuão e Marcelo Kiefer.
Editoração Eletrônica: Fernando Freitas Fuão, Marcelo Kiefer, Renata Selau de Matos, Malu Magalhães Sanches e Carolina Clasen.
Capa: Carolina Clasen
Foto da Apresentação: Efreu Brignol Quintana.
Revisão: Milene Maciel Carlos Leite.

CIP-BRASIL. CATALOGAÇÃO NA PUBLICAÇÃO
SINDICATO NACIONAL DOS EDITORES DE LIVROS, RJ

R341

Resistências e descolonialidades, tomo I / organização Dirce Eleonora Nigro Solis. - 1. ed. - Rio de Janeiro : Mauad X : FAPERJ, 2022.
168 p. : il. ; 21 cm.
(Desconstrução, resistências e desvios na arquitetura e filosofia ; 1)
Inclui bibliografia
ISBN 9786553770232
1. Arquitetura - Filosofia. 2. Descolonização. I. Solis, Dirce Eleonora Nigro. II. Série.

22-78347   CDD: 720.1
                     CDU: 72.01

Gabriela Faray Ferreira Lopes - Bibliotecária - CRB-7/6643

Agradecemos à Fundação Carlos Chagas Filho de Amparo à Pesquisa do Estado do Rio de Janeiro – Faperj pelo apoio concedido e à Renata Selau de Matos, ao Efreu Brignol Quintana e ao Enilton Braga da Silva por terem sido fundamentais para a realização do III Colóquio em Torres-RS, organizando e acolhendo a todos com especial dedicação e carinho.

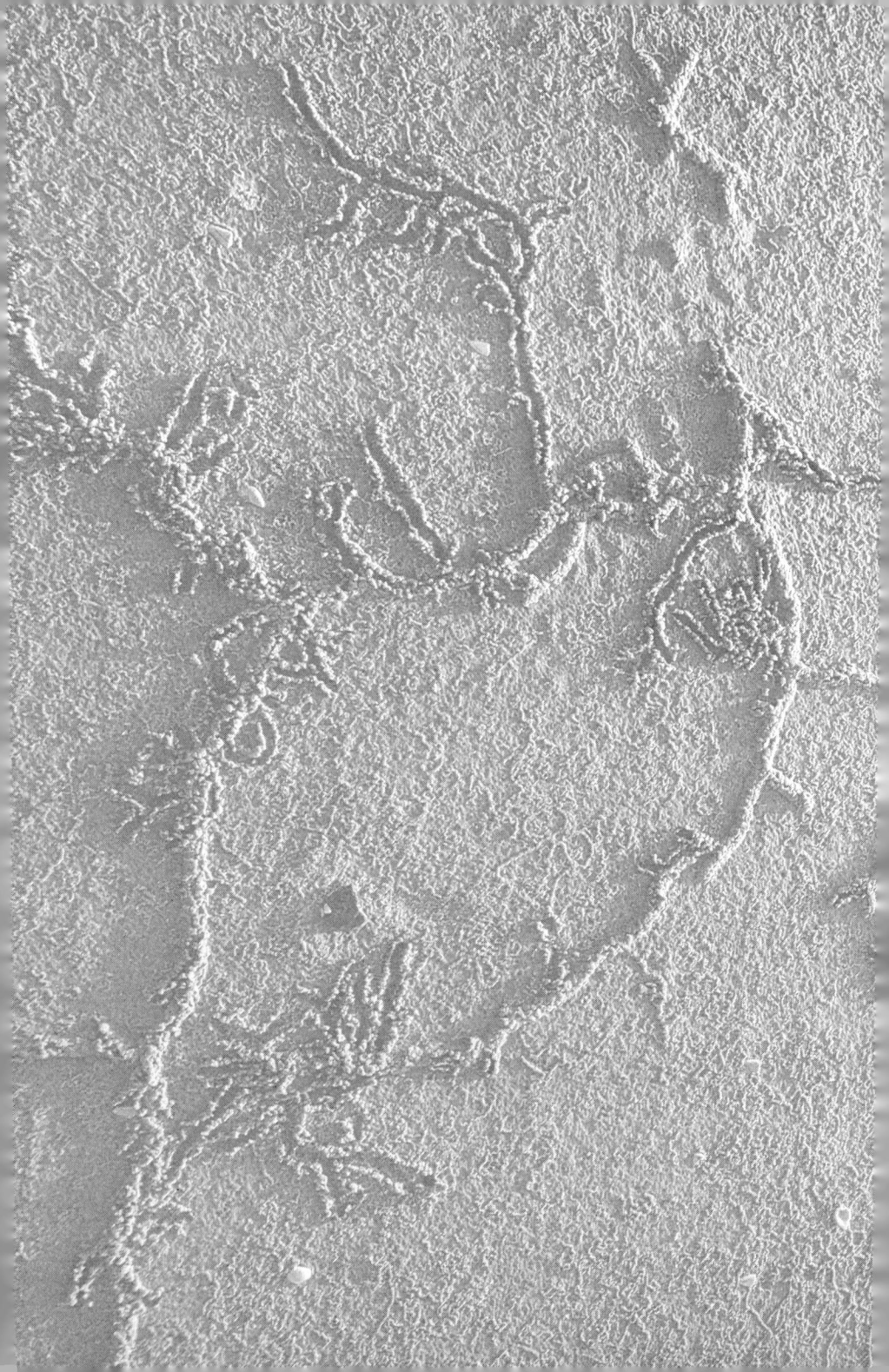

SUMÁRIO

13 APRESENTAÇÃO

19 CORSÁRIOS E ABUTRES:
ESPACIALIDADES BAN(D)IDAS
Dirce Eleonora Nigro Solis

41 *ABYA-AYALA*: UM GRITO ANTE A ARQUITETURA
COLONIALISTA DA MODERNIDADE
José Carlos Freitas Lemos

91 TRAÇOS E RASTROS DAS BRASILEIRAS QUE
RETORNARAM PARA A ÁFRICA
Fábio Borges do Rosario

109 JACQUES DERRIDA E WALTER BENJAMIN:
APROXIMAÇÕES
Denis Borges Diniz e Simone Borges Camargo de Oliveira

123 APROXIMAÇÕES E DISTANCIAMENTOS DE
DERRIDA E CALVINO SOBRE A VISIBILIDADE,
ESTUDO DESTE MILÊNIO
Bianca Ramires Soares

133 PARC DE LA VILLETTE: AMPLIANDO ESCALAS,
A CIDADE COMO REFLEXÃO TEÓRICO-CRÍTICA
*Sandra Catharinne Pantaleão Resende e
Wilton de Araújo Medeiros*

163 SOBRE OS AUTORES

Apresentação
Resistências e descolonialidades

Dirce Eleonora Nigro Solis

Sob o título "Desconstrução, resistências e desvios na arquitetura e filosofia", realizou-se em Torres-RS, em novembro de 2019, o III Colóquio do grupo de pesquisa do CNPq Arquitetura, Derrida e aproximações. Trata-se mais uma vez de uma troca de pensamentos e experiências entre os membros do grupo de pesquisa a respeito das aproximações entre filosofia e arquitetura, incluindo também áreas próximas de saber, tais como literatura, artes, visando principalmente à discussão com pensadores e escritores da desconstrução. As aproximações com outros filósofos e pensadores da diferença que não necessariamente trabalham no viés desconstrutor também foram muito bem recebidas. Os Colóquios do grupo de pesquisa do CNPq têm sido marcados pela originalidade do encontro arquitetura e filosofia com resultados bastante significativos para as duas áreas. Podemos dizer que essa é uma experiência inédita no Brasil, desde o I Colóquio, e bem-sucedida, colhendo até hoje bons frutos e estreitando os laços epistemológicos e ético-políticos entre essas duas áreas de saber. Com integrantes de universidades brasileiras tais como UERJ, UFRGS, UFPEL, UFGO, UCGO, UFMG e, no III Colóquio que ora apresentamos, também a ULBRA, que sediou o evento em Torres-RS, os Colóquios também incorporam pesquisadores convidados internacionais familiarizados com as questões das filosofias da diferença e o pensamento de Derrida.

Neste trabalho fruto do III Colóquio, a perspectiva foi discutir políticas e instâncias a elas associadas que não caminham em linha reta, mas denotam o movimento tortuoso do desvio, caro à desconstrução. Uma nova forma de compreender a dimensão ético-política, uma nova forma de descobrir a espacialidade em arquitetura e filosofia trabalhando nos deslocamentos da desconstrução. Uma forma desviante que desloca espaços caros à arquitetura, desloca conceitos caros à filosofia e que se movimenta no âmbito do por vir. Por vir para a desconstrução não significa um futuro próximo nem distante, mas um produzir, a partir do indecidível, de deslocamentos marginais do pensamento e do espaço, limítrofes, sempre nas bordas.

Neste trabalho, visamos discutir formas de resistências e desvios com relação à constituição e utilização dos espaços habitacionais e públicos, aos enfrentamentos vivenciados pela população em geral, pelas comunidades, pelos coletivos e pelas organizações sociais, trazendo a questão das resistências e dos enfrentamentos com relação às tentativas de desmantelamento do mundo social, ético-político e econômico. No primeiro Livro RESISTÊNCIAS E DESCOLONIALIDADES, as temáticas centrais, considerando o escopo da desconstrução, versaram sobre resistências, a questão da descolonialidade como proposta de deslocamento das visões prioritariamente logocêntricas e outros desvios pertinentes ao pensamento desconstrucionista. Abre os debates o capítulo de autoria da professora de Filosofia da UERJ, Dirce Eleonora Solis, cujo título "Corsários e Abutres: espacialidades ban(d)idas" é tomado como metáfora da situação atual em que se encontram mundialmente algumas regiões, mas sobretudo países vilipendiados em termos de educação, saúde, referencialidade social e demais direitos da população. A abordagem é derridiana, traz a Ilha Grande como uma outra metáfora e utiliza a ideia de Outro Cabo (1995) de Jacques Derrida, trabalhando com o contexto da espectralidade, da *différance* e com a noção de democracia por vir. É, todavia, principalmente um chamado à resistência a partir da perspectiva da desconstrução. A autora considera a reflexão proposta por Derrida, em *O Outro Cabo sobre a Europa*, como estando de certo modo em declínio, quer econômica, social ou culturalmente, metáfora bastante pertinente para se falar de nossa situação atual. Vivemos uma época de banimento das instituições, de tentativas de destruição da Constituição, de apologia ao crime sob o disfarce de combate à corrupção, de sequestro dos direitos de cidadania e de surrupio dos espaços de militância e convivência, diz a autora em seu texto. As ameaças constantes à Universidade Pública, por exemplo, nos dão de modo claro a dimensão do que isso significa. Vivemos o momento em que toda forma de espacialidade se torna espacialidade ban(d)ida. Nesse sentido, ela utiliza novamente de forma metafórica a ideia de corsários e abutres para aqueles que colocam a vida nessa situação de dilaceramento.

O professor e arquiteto José Carlos Freitas Lemos, da UFRGS, escreve sobre Colonialidade, Derrida e Arquitetura, um estudo crítico do ensino de arquitetura a partir das relações entre colonialidade e decolonialidade (Quijano e Mignolo) e a desconstrução de Jacques Derrida. De maneira diferente, os autores acima citados Quijano e Miolo, e também Derrida questionam os fundamentos da modernidade e da filosofia tradicional como são e/ou foram hegemonicamente apresentadas. O objetivo é acrescentar uma importante base de discussão para o problema da arquitetura latino-americana, sua produção e sua difusão mediante o ensino. O texto "Traços e rastros das brasileiras que retornaram para a África", do professor de filosofia Fábio Borges do Rosário, doutorando na UFRJ, investiga os rastros desses brasileiros, buscando, nos traços das casas que eles legaram aos seus descendentes, a influência arquitetônica que aprenderam no Brasil e que levaram para as cidades do seu antigo continente de origem como tática de preservação da brasilidade. O trabalho aborda ainda como os paradigmas de racialização contribuíram ou impediram sua reinserção nas comunidades locais, discutindo a esse respeito a hospitalidade e a ubuntização da democracia por vir.

O artigo de Denis Borges Diniz e Simone Borges Camargo de Oliveira, "Jacques Derrida e Walter Benjamin: Aproximações", traz pontos de encontro entre Derrida e Benjamin no sentido dos desvios da desconstrução: naquilo que diz respeito à suspensão das linhas de forças que sustentam o edifício teórico da metafísica. O enfoque adotado nesse artigo foi a relação estabelecida entre os conceitos de forma, percepção, imagem e conhecimento, a partir da categoria mímesis. Com isso, foi possível aos autores analisar, segundo este modelo fornecido pela arquitetura, o valor canônico que essa forma de recepção possui para as exigências históricas e políticas postas ao nosso aparelho perceptivo. Walter Benjamin, dizem eles, é um dos pensadores contemporâneos que abalam o primado da forma na faculdade imaginativa. Ao lançar mão do modo da recepção sensível requerida pela obra arquitetônica e, a partir disso, analisar a reorganização de nosso aparelho perceptivo na fase atual das tensões políticas e históricas, o filósofo alemão defende uma tese em que a recepção tátil conduz a recepção ótica através do uso, da distração e do hábito. Reconfigura-se assim a estrutura do edifício conceitual metafísico em uma nova relação hierárquica dos conceitos. As aproximações entre Benjamin e Derrida possibilitam, então, medir as possibilidades de reapropriação da arquitetura como signo social e histórico do processo emancipatório, conforme os autores.

Com o título "Aproximações e distanciamentos de Derrida e Calvino sobre a visibilidade, estudo deste milênio", a professora e arquiteta Bianca Ramires Soares discute as *Seis propostas para o próximo milênio*, de Ítalo Calvino, anunciantes de novos tempos em que está a questão da visibilidade e compara com *Pensar em não ver: escritos sobre a arte do visível* onde Derrida discute também a questão da visibilidade. Bianca Soares salienta aqui um primeiro paralelismo entre esses dois autores, que são os fatores temporais e temáticos de suas obras, no qual ambos colocam em evidência questões sobre os entremeios do visível, em uma tentativa de resistir às mudanças não prósperas e de um futuro com perdas na estrutura do que trazemos como formulação das imagens e interpretação da realidade. Jacques Derrida, em seu texto, nos traz a ideia de acontecimento e, na sequência, apresenta uma definição de espectro. Em ambas estão contidas informações que desligam-se à noção básica de dualidade da produção de imagens. Podemos perceber também um desvio aparente às dualidades construídas entre texto-imagem e imagem-texto em relação à posição filosófica. Calvino acredita e organiza os estratos imagéticos como uma formação de memória acumulativa, enquanto Derrida rompe a estrutura temporal desta associação entre partes e o todo. Para além disto, a fuga da construção das imagens para Derrida começa no pensamento, na dimensão espectral. O espectro acessa e constitui o futuro como uma função antecipada de envolver o acontecimento e de acessá-lo. Sob o acontecimento, inexiste a antecipação como forma de produção da imagem espacial, do encontro ou vivência, que concede à visão e aos olhos videntes a condição da percepção "para ver vir o que vem". Isto, claramente, nos traz uma desconstrução nesta reflexão. Calvino, como mencionado anteriormente, engloba a sequência de sucessivos acontecimentos, não havendo o rompimento com momentos de passado e futuro, mas sim incorporação. A intenção, segundo a autora, é fazer um estudo vindo do próximo milênio para ser a reação da ação do movimento que os textos acima causam em nosso tempo.

Fecha o Livro 1 um trabalho que deu origem às relações possíveis entre desconstrução e arquitetura e que foi interessante retomar aqui. "Parc de la Villete: ampliando escalas, a cidade como reflexão teórico-crítica" discute as relações iniciais do pensamento de Jacques Derrida com a arquitetura através da concepção contida no Projeto do Parc de la Villette entre o autor do projeto e, principalmente, Peter Eisenman e Jacques Derrida. De autoria dos professores e arquitetos Sandra Catharine Pantaleão e Wilton de Araújo Medeiros, o trabalho traz à luz questões relativas à importância do concurso do Parc La Villete, o qual permite observar a aproximação entre teoria e crítica a partir da prática projetual de espaços livres de uso público, em que assiste-se à supressão da dialética entre natural e artificial. Os parques parisienses serviram de inspiração para a pintura de vanguarda do século XX, em oposição à industrialização das cidades, representando o refúgio e a aproximação à natureza, além de oferecer atividades de lazer e contemplação. No entanto, essa perspectiva histórica é alterada por Tschumi, emergindo outra possibilidade para os parques urbanos. O concurso para o Parc de la Villette ocorreu no bojo da valorização do patrimônio cultural edificado em áreas industriais obsoletas e a influência do desconstrutivismo como alternativa à arrefecia dialética entre modernos e antimodernos – os historicistas pós-modernos. Entre 1981 e 1995, Mitterrand promoveu onze intervenções urbanas em Paris, os Grandes Projetos, destacando as transformações de suas periferias, modernizando-as e resguardando as áreas centrais históricas. Eram projetos culturais, remontando à cidade luz do século XIX, isto é, protagonista e difusora do conhecimento. Ao eleger uma teoria de abordagem, Tschumi busca estabelecer suas estratégias projetuais: uso de recursos diagramáticos para estabelecer possibilidades; em seguida, propõe a distinção entre espaços programáticos e genéricos, que podem ser alternativas; a partir destas possibilidades, tem-se mais uma camada: a circulação ou vetores de crescimento, em que são definidas as prioridades ou como os espaços arquitetônicos serão usados e/ou experimentados e, por fim, as articulações possíveis entre os "testes" espaciais e as restrições do lugar. Esses parâmetros iniciais, segundo ele, são o que define o conceito que não se estabelece pela forma e tampouco pelo programa, como é de costume na visão modernista. Para Tschumi, a arquitetura é a materialização de conceitos e não formas. Isso significa que sua visão possibilitou um projeto, no mínimo, inusitado. A mudança de escala expressa pelas folies – elementos de destaque dispostos como pontos de orientação sem que houvesse uma determinação precisa dos percursos –, contribuíram para enaltecer a perspectiva desconstrucionista proposta por Derrida e a dimensão não logocêntrica da cidade contemporânea.

Corsários e Abutres: Espacialidades Ban(d)idas

Dirce Eleonora Nigro Solis[1]

---

1 Professora Titular da Universidade do Estado do Rio de Janeiro-UERJ/ Líder, com Fernando Fuão, do Grupo de Pesquisa do CNPq: Arquitetura, Derrida e Aproximações. E-mail: dssolis@gmail.com

Um bom começo seriam talvez os espectros de uma Ilha que os indígenas tamoios chamavam *Ipaum Guaçu*, Ilha Grande, e que utilizarei como metáfora da cidade, da polis, de um país vilipendiado, sequestrado, quase aniquilado em termos de educação, saúde, da referencialidade social e seus direitos, do surrupiar de nossos espaços de habitabilidade, manifestação, convivência, mas que, em um movimento de resistência, pode levantar a cabeça e reagir. Falta pouco? Muito? Talvez. A reação, todavia, virá e não tardará o dia em que os retornantes, como espectros que são, poderão trazer de volta não mais o mesmo nem o igual, mas, sob o signo da *différance*, os direitos duramente conquistados, agora repaginados. Pontuarei algumas questões que penso serem relevantes visando contribuir para a discussão e tomada de posição frente aos desafios da vida social e política contemporânea. Falarei de algumas delas por sua atualidade e pertinência: democracia como democracia por vir, segundo a abordagem do pensador Jacques Derrida, e as implicações ético- políticas dessa noção; as modificações da compreensão da ética nestes moldes para a sociedade, a pilhagem de nossas referências sociais tão duramente conquistadas e a possibilidade im-possível de um mundo mais habitável, entendida como por vir.

Numa conferência pronunciada em Turim em 1990, em Colóquio, tendo por presidente Gianni Vattimo, sobre "A identidade cultural europeia" e, em 1991, publicada com o título *L'Autre Cap, O Outro Cabo, Memórias, respostas e responsabilidade* (1995), o pensador Jacques Derrida toma por base "o velhíssimo motivo da identidade europeia" que, segundo ele, "tem certamente a antiguidade venerável de um tema esgotado" (DERRIDA, 1995, p. 94). No entanto, ele ressalta que essa questão mantém "talvez um corpo ainda virgem" (DERRIDA, 1995, p. 94), o que nos leva a apontar a sua atualidade e pertinência para a discussão contemporânea aqui proposta.

Considero esta reflexão sobre a Europa apontada como estando de certo modo em declínio, quer econômica, social ou culturalmente, metáfora bastante pertinente para se falar de nossa situação atual. Vivemos ultimamente uma época de banimento das instituições, de tentativas de destruição da Constituição, de apologia ao crime sob o disfarce de combate à corrupção, de sequestro dos direitos de cidadania e de surrupio dos espaços de militância e convivência. As ameaças constantes à Universidade Pública, por exemplo, nos dão, de modo claro, a dimensão do que isso significa.

Como se não bastasse, fomos assaltados, não ainda por ocasião do III Colóquio *Arquitetura, Derrida e Aproximações*, mas, no início do ano de 2020, antes da publicação de nossos trabalhos e resultados daquele tão produtivo e significativo encontro, por uma pandemia: o novo Coronavírus, a COVID-19, que, de forma inesperada e pouco previsível, tomou quase todo o planeta habitado e nos fez a todos vulneráveis. Situação quase impensável num mundo congestionado de conquistas médicas, científicas e tecnológicas, conquistas da humanidade. Não poderia, portanto, falar de nossas espacialidades, no momento em que revemos nossas ideias para publicação, sem mencionar esse episódio catastrófico para toda a humanidade, em seus lugares habitados, suas cidades e territórios.

Vivemos, então, o momento em que toda a forma de espacialidade se torna espacialidade ban(d)ida, em vários sentidos. Para tanto, usarei novamente metáforas: falarei de corsários, saqueadores, saqueadores dos mares, bandidos pilhadores que, temidos, tomam à força as naus mundo afora, em rotas flexíveis em seus movimentos sobre as águas muitas vezes de todos ou de ninguém; mas falarei também de abutres que, nos territórios, esperam o momento mais propício para atacar a carniça, chafurdam no podre, espalham o tecido morto, dilaceram a vida.

Ilha Grande, no Rio de Janeiro, município de Angra dos Reis, lugar lindo, paradisíaco, cenário do nosso II Colóquio, nos serve ainda de motivação. Um projeto multidisciplinar se desenvolve ali, envolvendo áreas humano-sociais como Filosofia, História, Ciências Sociais, Arqueologia e por que não incluir também a Arquitetura?

Para lembrar ligeiramente de sua história, a Ilha Grande tem seu reconhecimento como importante área de Mata Atlântica em 1986, quando passa a integrar a Área de Proteção Ambiental de Tamoios, sendo tombada pela Secretaria de Estado de Cultura (Resolução 29, de 14/10/87) e, em 1988, passa a ser considerada patrimônio nacional pela Constituição Federal. Em 1989, é declarada como Área de Relevante Interesse Ecológico pela Constituição Estadual e, em 1991, é reconhecida pela UNESCO como Reserva da Biosfera da Mata Atlântica. O Instituto Penal Cândido Mendes, localizado em Dois Rios, foi, em 1994, desativado pelo então governador Leonel Brizola e suas áreas foram concedidas à UERJ, de acordo com o Termo de Cessão de Uso n. 21 de 18 outubro de 1994. Coube à Universidade, então, a implantação de um Centro de Estudos (CEADS), um museu, o atual Museu do Cárcere, com a finalidade de pesquisa, investigação e preservação dos diversos aspectos relacionados aos ecossistemas e memórias da Ilha Grande. A partir daí, vários projetos de reconhecimento e discussões de pesquisas foram implantados envolvendo também as populações tradicionais e os moradores de Vila Dois Rios.

Em épocas mais remotas, que datam de até 3 mil anos antes, temos registros de habitantes de sociedades pré-cabralinas, em seguida, registros de povos originários, os indígenas, bem anteriores aos pretos (escravos), aos prisioneiros (época das prisões do século XIX e XX) e aos habitantes atuais, muitos descendentes dos policiais dos antigos presídios, ou habitantes chegados pela exploração turística da Ilha, bem como os prestadores de serviço.

As interpretações arqueológicas e antropológicas indicam a presença de povos do tronco linguístico macro-jê no litoral sul fluminense através de cerâmica associada aos guaianás (MENDONÇA DE SOUZA, 1977) e um número muito reduzido de sítios com cerâmica tupi-guarani, embora os relatos de cronistas quinhentistas descrevam populações indígenas de língua tupi nesta região.

Assim, embora grande parte dos pesquisadores identifique os primeiros habitantes da Ilha como tupi-guarani (Tamoios), em virtude das cerâmicas encontradas, pelos sambaquis[2], podemos levantar como hipótese que habitantes mais antigos poderiam ter sido os guaianás, grupo indígena que, até o século XVI, habitava as áreas da Capitania de São Vicente e que era formado por diversos grupos menores se estendendo até a Ilha. Em tupi-guarani, guainá significa literalmente "gente aparentada" (guai+anã).

---

2 Sambaquis são montes de conchas e outros resíduos acumulados pela ação humana, que se convertem em importantes vestígios arqueológicos responsáveis por suscitar considerável debate científico.

Os guainás, então grupo considerado coletor, ocupavam a Serra do Mar em um território que abrangia a Serra de Paranapiacaba até a foz do Rio Paraíba do Sul, no atual Estado do Rio de Janeiro. Alguns guainás, principalmente aqueles que habitavam a região de São Paulo, mesmo pertencendo ao tronco linguístico macro-jê, sabiam falar também a língua tupi-guarani antiga, segundo Alfred Métraux (WAGLEY, 1964).

Bem antes de aparecerem corsários, uma população originária já se territorializava nos recantos mais escondidos de Ilha Grande: próximos ao mar, mas também adentrando as matas ainda não exploradas pelos invasores colonizadores e corsários.

Aos colonizadores poderíamos adiantar, tomando por referência o *Monolinguismo do Outro* (DERRIDA, 1996): fala-se uma só língua, mas, muito antes, uma multiplicidade de falas (*phoné*) se desenha e elas não são a nossa. Os troncos tupi e macro- jê se desenham múltiplos, suas palavras, termos e estruturas irão inflacionar a língua do colonizador português, elas não são nossas; nem a língua do colonizador é nossa, e, se foi a língua assumida como oficial, nunca foi e nunca será só nossa: "Falamos somente uma língua, mas ela não é nossa", diríamos, a partir do *Monolinguismo* (Derrida, 1996); mesmo apesar de "ser nossa" em seus desdobramentos todos.

Herdamos uma certa língua dominante no Brasil, a língua do colonizador de outrora, o português, mas, junto com ele, dependendo da região, a estrangeirice do italiano, espanhol, francês, alemão, japonês, coreano, línguas africanas, línguas dos povos originários. Com ela, herdamos múltiplas linguagens.

Cabe lembrar que, no século XVI, o litoral sul fluminense esteve envolvido nos conflitos entre portugueses e franceses, pois os indígenas que o ocupavam eram, em sua maioria, aliados destes últimos. Neste período, existe indicação de doação de sesmarias nesta região, mas, como Hans Staden ([1557] 1974) não menciona habitações de portugueses na área, isso significa que os sesmeiros não tomaram posse de imediato de suas terras. Somente com a intervenção dos jesuítas, no ano anterior à conquista do Rio de Janeiro, estabelece-se a paz entre as aldeias do sul fluminense e os habitantes de São Vicente, iniciando a ocupação portuguesa. Inicialmente de forma ainda tímida, Knivet ([1591] 1875) menciona dois ou três portugueses habitando a Ilha da Gipóia e alguns poucos a Ilha Grande.

A Baía de Ilha Grande possuía um evidente valor estratégico, tanto em relação ao mar, como em relação à comunicação com o interior. Por ali passavam os metais das Minas e, depois, o café que descia do vale do Paraíba do Sul e, consequentemente, o contrabando e as ações de piratas. A presença de navios franceses no litoral sul fluminense era responsável não somente pela entrada de escravos africanos, mas também pelo desvio do ouro e pelos constantes ataques às vilas de Angra dos Reis e Paraty.

Numa terra habitada pelos índios, surgem aos poucos os invasores, os intrusos exploradores. Os povos originários vão perdendo gradualmente o seu lugar.

Falemos então dos corsários. Mas os utilizaremos como metáfora do alijamento das populações originárias e da apropriação das terras pelo colonizador, num primeiro momento, e, depois, já em sua "jurisdição", de conquistadores de outras partes do mundo nas imediações (franceses, principalmente).

Corsários

Quem são e o que são os corsários?

Aqueles que possuíam a autorização de um governo, por missão ou carta de corso (*lettres de marque*), para atacar ou pilhar navios de outra nação, em um mar supostamente de todos e de ninguém, eram chamados corsários. Na época em que as transações comerciais eram fundadas na transferência material das riquezas, ser corsário ou corso do rei ou da rainha era uma atividade valorizada e com patente legitimada pelos governos. Os corsários, em sua marginalidade, recebiam muitas vezes as honrarias por suas façanhas. Claro é que eles contribuíam para o enriquecimento dos reinos.

Os corsos eram valorizados por enfraquecerem as rotas marítimas comerciais de um país rival ou inimigo. A pilhagem como possibilidade de arresto das mercadorias e mesmo dos navios contribuía para diminuir os custos vultuosos da construção e da manutenção do arsenal naval.

Corsário era, portanto, aquele que agia fora da lei, mas respaldado na diretriz de seu governo.
Corso ao mar, era assim que se chamava a armada e o armamento de navios financiados por iniciativa de súditos sob os auspícios do reino. Eles estavam autorizados a combater os inimigos do Estado, interrompendo sua navegação e comércio. Porém, a prática do corso vai caindo em desuso com o fortalecimento do Estado moderno. Com o Tratado de Paris, de 1856, após a guerra da Criméia, foi celebrado entre as nações participantes o fim da prática do corso.
No entanto, tal prática não terminou por completo. Nesse sentido, é relevante estabelecer a distinção entre um corsário e um pirata. Os piratas agiam ilegalmente em qualquer tempo e às vezes até com uma "carta de marca" (*lettre de marque*) falsa para fingir legitimidade, caso apanhados. Os corsários, como já vimos, agiam de acordo com o consentimento de seus reis, principalmente em períodos de conflito com nações inimigas. No caso de Portugal, eles podiam compor os quadros da Marinha Real de Dona Maria I de Portugal e do Brasil. Assim, de 1808 a 1889, o Brasil também teve a sua Marinha Corsária (Reino Unido e Império Brasileiro), assim como a Inglaterra possuía a sua famosa Esquadra Corsária.
Quando Portugal ficou sob o jugo espanhol, ocorreu o desmonte da "Invencível Armada" lusitana incorporada em grande parte pelo domínio espanhol. Portugal, estando desfalcado de sua Marinha, deixou a costa brasileira desprotegida, intensificando-se, então, o contrabando do pau-brasil e depois, muitos outros tipos de contrabando.
Entre os corsários que agiram sob a autoridade do seu país, desde o Império Otomano (Barba Ruiva) até o Império Britânico (Francis Drake), muitos famosos frequentaram os mares navegados, dentre eles Pieter van der Does (Holanda), Amaro Pargo (Espanha), dentre outros. O caso de Francis Drake é bastante conhecido, considerado como um herói e sagrado cavaleiro por Elizabeth I da Inglaterra, em função de suas pilhagens autorizadas, que enriqueceram sobremaneira o trono. Outro famoso foi Sir Thomas Cavendish que aprendeu com seu mestre Drake a arte corsária e, em 1591, inclusive, atacou cidades brasileiras como São Vicente, Santos, Vitória, Ilhabela e também Ilha

Grande, saqueando os víveres da população local e ateando fogo às habitações. Há inúmeros relatos de ataques de corsários ingleses nas costas brasileiras, saqueando populações, contrabandeando pau-brasil e traficando escravos.

Piratas também fizeram pouso na Ilha Grande, que teve um importante papel histórico, de destaque internacional, registrando episódios de pirataria, tráfico de escravos e contrabando de mercadorias ocorridas entre os séculos XVI e XIX.

Figura 1: Mapa pirata amoroso.
Fonte: *collage* de Fernando Fuão, 2022.

No início do século XVII, piratas holandeses também estiveram presentes na Ilha. Com a descoberta do ouro e da prata no Peru, no fim do século XVI, a bacia do Prata tornou-se o local de onde as riquezas vindas do Peru eram carregadas pela frota espanhola. Entre a Europa e a bacia do Prata, os locais mais convenientes (ao sul) para o reabastecimento de água potável e de madeira eram as ilhas de Santa Catarina (Florianópolis – SC), São Sebastião (Ilhabela-SP). A Ilha Grande era um local de refúgio que garantia, por sua espacialidade privilegiada, abrigo tranquilo aos piratas que dificilmente eram incomodados pelos portugueses. Depois dos holandeses, vieram os franceses interessados na proximidade da Ilha com Paraty, em função deste local ser um porto marítimo utilizado para o escoamento do ouro extraído das minas gerais. Existem também registros de que vários navios carregados de mercadoria de origem francesa, principalmente de tecidos, escoavam suas mercadorias na Ilha Grande, precisamente nas enseadas das Palmas, Abraão e Sítio Forte.

Figura 2: Novos corsários (Duguay-Trouin assalta a cidade do Rio de Janeiro-1711).
Fonte: *collage* de Fernando Fuão, 2022.

Até 1725, a Ilha Grande correspondia a uma área proibida, entretanto, a constante presença de corsários e piratas levou o governo colonial, ao longo do século XVIII, a distribuir sesmarias, de forma a impedir a permanência de franceses e outros corsários. O tema "piratas" passou a frequentar o ideário sul fluminense e, no caso da Ilha Grande, há inclusive referências a uma construção na praia do Morcego como tendo sido propriedade de um pirata espanhol.
A Ilha também não ficou livre de ataques de corsários autorizados pelo governo argentino. Estão registrados pelo menos três na Ilha Grande, no ano de 1827: um na fazenda de Dois Rios, outro na ponta de Castelhanos e um terceiro na enseada das Palmas. Houve batalhas

entre argentinos e fazendeiros e também com as forças militares brasileiras na Ilha. Os argentinos, no último ataque, tiveram um navio incendiado e desistiram.

No século XIX, os portos de Angra do Reis tornam-se importantes para escoamento de café e entrada de escravos africanos, devido ao desenvolvimento da cafeicultura no vale do Paraíba (MENDES, 1970, p. 358). A Ilha Grande se configurava como um ótimo local para o desembarque ilegal de escravos, principalmente nas fazendas de Dois Rios e do Abraão (LIMA, 1974 [1889], p. 178).

Ao trazer corsários e piratas, em termos de um por vir das espacialidades, trazemos também as regras ou os desregramentos de banimento. O que observamos é que, frequentemente, o banimento se dá por condições bandidas. Com ressalva às guerras de ocupação e de demarcação de territórios naturais, as guerras entre os índios, o abandono dos territórios pelo nomadismo peculiar dos povos habitantes desses locais, essas espacialidades, que são ilhas ou territórios ocupados em virtude de deslocamentos, são frequentemente dominadas pelos colonizadores-exploradores o que tem como consequência a expulsão gradativa das populações que ali já habitavam.

Com o aparecimento das lavouras que se diziam rentáveis, surgem as fazendas de cana-de-açúcar e de café em Ilha Grande. Nos séculos XVIII e XIX, os lavradores desmataram grande área para o cultivo da cana-de-açúcar e, posteriormente, para a cultura do café, o que em Angra dos Reis correspondeu a Mambucaba e a Ilha Grande apenas. Outros fazendeiros da região continuaram com a lavoura da cana que chegou a ser exportada para a Europa.

Historiadores que visitaram a Ilha na época se referem a Dois Rios como uma bela e bem estruturada propriedade, citando que duzentos escravos trabalhavam na lavoura do café. Digna de nota era a construção bem cuidada das senzalas. Embora não houvesse cais para a atracação de embarcações, as condições naturais de localização da fazenda propiciavam desembarques, mesmo sem eles. Na segunda metade do século XIX, no entanto, o declínio do ciclo do café e o fim do tráfico de escravos geraram a decadência econômica da região.

Podemos afirmar, deste modo, que corsários e piratas estão presentes na história brasileira até antes do começo do Império e eles nos afrontam desde sempre, tanto com tentativas de usurpação de nossos territórios como, mais atualmente, com a destruição de nossos direitos tão duramente conquistados. Desde há muito e até hoje, de forma metafórica, corsários e piratas se configuram como usurpadores ilegítimos, embora travestidos muitas vezes de legalidade, de nossos espaços, territórios e direitos individuais ou sociais, como vem acontecendo.

Corsários para preservar a relação com o mar, as intercorrências marítimas, são todos aqueles que, à socapa, constrangem as nossas delimitações de espaçamento na vida ético-política, destroem as referências de localização bem como as culturais, aniquilam as nossas heranças produtivas que a duras penas foram convertidas em direitos - muitos deles inalienáveis - e que são conquistas da população.

É nesse sentido, também, que podemos falar de corsários e piratas da democracia. Em tempos nos quais a palavra e o conceito de democracia estão tão desgastados, em que diariamente a pirataria e o contrabando intelectual, econômico, político e social invadem a vida pessoal, os direitos individuais e coletivos, invadem o nosso espaço habitável, a que tipo de democracia podemos ainda nos referir?

Falar sobre democracia hoje exige deslocar os referenciais tradicionais e, quando ela atinge diretamente as nossas espacialidades, podemos perguntar: que comprometimentos ético-políticos, que constituíam a ideia de polis desde os gregos, podemos ainda resgatar como indivíduos e como cidadãos? São questões que temos de enfrentar, uma vez que a velocidade com que o mundo se movimenta hoje, a rapidez dos acontecimentos, implicam em tomadas de posição ou soluções que muitas vezes fogem ao nosso controle.

Ilha Grande, por ocasião de sua descoberta por Gonçalo Coelho, navegador português, em 1502, no Dia de Reis (6 de janeiro), foi confundida primeiramente com um continente, tal era o seu tamanho, mas por sua proeminência poderia passar perfeitamente por um cabo.

Um cabo é um acidente geográfico, massa de terra que adentra pelo oceano ou mar que lhe é adjacente. Ilha Grande poderia ser confundida com uma grande ponta, um cabo tão grande que poderia se assemelhar ao Cabo da Boa Esperança. Ou seria Cabo das Tormentas?

O texto *O Outro Cabo*, de Derrida (1995), nos serve de motivação. É uma reflexão sobre a Europa, apontada como estando de certo modo em declínio, quer econômica, social ou culturalmente, denominada por Derrida como "O Outro Cabo". Considero esta metáfora bastante pertinente para se falar do tema da democracia juntamente com o acidente geográfico Ilha. Ilha/Cabo para falar de nossa democracia, de nossos espaços de manifestação ainda democráticas.

Sirvo-me, no presente texto, de algumas observações que estabeleci anteriormente num artigo cujo título é *A democracia banida* (SOLIS, 2017, p. 191-208), em que retomo algumas ponderações de Derrida (1995) em seu escrito *O Outro Cabo* e também algumas ideias dele sobre a democracia por vir.

Reitero, assim, tal qual apontado no referido artigo (2017), a peculiaridade da escolha desse título por Derrida. Diz ele que um título já é sempre um cabo, assim como o cabeçalho de um capítulo ou uma epígrafe (DERRIDA, 1995, p. 98). Um cabo significa a extremidade, a ponta, a cabeça, mas pode dizer do fim, da finalidade, do polo, do telos (DERRIDA, 1995, p. 98). É a direção enfim. Um outro cabo pode sugerir um novo caminho a ser impresso, uma variação de roteiro ou rota diversa, mas que pode significar um desvio para algo ainda não muito bem traçado, não muito conhecido, ou até totalmente desconhecido e mesmo imprevisível. Teremos, neste último caso, o que se convencionou chamar desconstrução.

Para não fugir da desconstrução, Derrida joga com a relação entre o Outro Cabo no qual estaria traduzido um "nós" e nele estaria incluída não só a Europa, mas todo o Ocidente que se inspirou e se afirmou a partir dos ditames da velha mãe, e o Outro do Cabo, aquele ou aquilo que não se sujeita à identidade europeia ou é identificável com ela. Trazendo a noção de *différance*[3], o Outro do Cabo seria "uma rela-

---

3 Différance é uma noção derridiana que exprime, pela substituição do e pelo a, o jogo das diferenças trazido pela desconstrução, não perceptível aos ouvidos, mas apenas à escrita, como escritura, portanto, implicando numa mudança radical de sentido. Différance e escritura são consideradas por Derrida quase-conceitos, no sentido de noções sem fechamento, sem closura, ao contrário dos conceitos da metafísica Ocidental. De modo breve, différance correlaciona-se

ção de identidade ao outro (DERRIDA, 1995, p. 99) que não mais obedeceria "à forma, ao signo ou à lógica do cabo, nem mesmo à do anti-cabo ou da decapitação (DERRIDA, 1995, p. 99). Seria o outro que não se encaixa nas relações estimadas e estimáveis da democracia ocidental, nos padrões culturais, religiosos e outros comumente aceitos como "universais" porque o universo seria o Ocidente e ponto final. E isso seria a diferença com relação ao "nós" ou ao "eu" eurocêntrico disseminado por todo o Ocidente. O Outro do Cabo não faria mais um "eu" e nem um "nós", pois não se enquadraria nos roteiros desgastados da democracia liberal ou outra forma dita democrática do Ocidente. Mas teria que ser considerado nesse caminho como rastro (trace) o outro nome da desconstrução e da diferença.

Assim, o Outro do Cabo possibilitaria pensar o cabo do outro que seria "a primeira condição de uma identidade ou de uma identificação que não seja egocentrismo destruidor de si e do outro"(DERRIDA, 1995, p. 99).

Deste modo, voltando à nossa metáfora da Ilha que se parecia com um grande cabo, a Ilha Grande com aparência de cabo é, na verdade, a espacialidade banida, um outro do cabo que, ao ser vilipendiada, tomada de assalto pela pirataria de todos os tempos e pelos especuladores, se torna espacialidade banida.

É nesse sentido que se pode trazer o tema da democracia. Democracia não inclusiva é como areia movente, que traz à tona, pela exclusão da miséria, dos mais pobres, dos menos privilegiados, dos pretos, dos povos originários, das mulheres em muitas situações, dos LGBTQIA+, uma espacialidade banida. Os espaços da cidade demarcam essas situações cotidianamente, os espaços de movimentação da população,

---

com rastro (trace), faz perder a conotação própria a toda origem, constitui o meio (milieu) possibilitador da constituição de todos os diferentes e diferenças. Deixa-se compreender por uma indecidibilidade entre passividade e atividade, é avessa à relação causa-efeito. Neste contexto, différance traz os sentidos de diferir, dilatar, adiar, prorrogar, esperar. Différance é correlato de temporização que tem o sentido de diferir por meio de um desvio temporal. Difere o que temporalmente se institui como adiamento, dilatação ou espera. Mas diferir tem o sentido também de não ser o mesmo, ser distinto e assim divergente ou oposto, ser outro. Temos, então, o espaçamento, termo advindo do Prefácio de *Un coup de dés*, de Mallarmé.

os espaços de não inclusão do diferente que foge ao comum e ao geral aceito. De espacialidade banida, uma vez usurpada, torna-se espacialidade ban(d)ida.
Derrida tem sérias restrições aos termos democracia, cidadania, ética, política, por estarem via de regra associados à sociedade liberal logocêntrica (privilégio do logos) e defensora das identidades falogocêntricas (privilégio do falo e do logos), isto é, ele olha com desconfiança para esse andar em linha de mão única nos "caminhos" da sociedade ocidental.
Como ele mesmo diz para a política, por exemplo:
> ...recorro à palavra política (...) sempre com uma espécie de circunspeção. Pois percebo há alguns anos que se deve pôr em questão - e deve-se não como tarefa moral, mas porque a história do mundo, do político e da política obriga a isso - a reconsiderar o conceito do político, o que se chama de político. Até aqui na tradição ocidental, em princípio grega donde vem a palavra, e europeia em geral, o político está ligado à "polis", à cidade, ao Estado. Mas assiste-se hoje a uma dissociação entre uma nova forma de politização e a referência fundadora ao Estado-Nação e à cidadania. (DERRIDA, 2001b).

Derrida afirma a desconstrução como um *acontecimento* que independe da vontade individual ou dos grupos e que persiste à medida em que o imprevisível e o inesperado aparecem. A desconstrução não promove nunca a exaltação do presente como crise ou conflito, como tragédia ou catástrofe, mas é este presente mesmo conflituoso, em crise ou não, que se apresenta como passível de análise crítica e de desconstrução. É neste sentido que a desconstrução é *afirmativa*, pois o que interessa é o que está estruturalmente e necessariamente *por vir*. Afirmar o *ad-vir*, o à *venir*, eis a tarefa desconstrutora. E é nesse sentido que Derrida traz a temática da democracia: por vir.
Assim, podemos dizer que são estratégias desconstrutoras importantes para Derrida aquelas do dom, da justiça e da lei, da responsabilidade, a questão do estrangeiro, as aporias hospitalidade/hostilidade, decidibi-

lidade/indecidibilidade, as relações políticas centro-periferia, o segredo e a promessa, a soberana crueldade, o perdão, o pensamento da alteridade radical e, obviamente, a noção de democracia por vir. As estratégias da desconstrução, é importante compreender, são *experiências* de um certo movimento aporético do pensamento e de uma *experiência do impossível*, tomadas como denúncias do privilégio do logos (logocentrimo) ou do falo-logos (falogocentrismo) ocidentais. Ao invés de condição para o imobilismo, como se poderia aparentemente deduzir, essa *experiência do im-possível* (a invenção do outro como o incontornável, o dom, a hospitalidade como o impossível), seria um movimento em direção à decisão: a indecidibilidade (*indecidabilité*) que acontece em todo momento de decisão. A desconstrução como pensamento da indecidibilidade irá situar-se entre as estratégias do contexto ético-político naquilo que ela pode trazer, guardando as conotações e expressões derridianas, de meio caminho (*milieu*) para a decisão, de rastro (*trace*), de chance e risco, por exemplo. São essas questões de cunho ético-político que podem ser desdobradas na dimensão do que Derrida chamou de *democracia por vir* (*démocratie à venir*), ou seja, um movimento para o que vem, um ad-vir.

O que Derrida intenciona mostrar com a noção de *democracia por vir* é que a desconstrução dos discursos universalizantes que ocultam interesses particulares, setorizados e na maioria das vezes mesquinhos, possibilita dar visibilidade a este ocultamento e deixar expostas suas capas de aparente solidariedade ou fraternidade. Esses discursos propõem considerar todos os homens como iguais ou irmãos, mas na realidade acabam por rejeitar *os diferentes* e produzir historicamente drásticos efeitos de exclusão.

Uma *democracia por vir* situaria o viés democrático numa categoria para além de todos esses interesses mesquinhos, para além de toda aparente fraternização. Mesmo considerando que as democracias ocidentais existentes podem ser o que de melhor conseguimos construir no presente, Derrida observa que as atuais estruturas democráticas são, na verdade, profundamente antidemocráticas. Estão corrompidas em múltiplos aspectos econômico-políticos, sociais e morais bastante conhecidos mundialmente. *Democracia plena* não existe para Derrida, e a desconstrução acontece nas democracias existentes, fracas e falivelmente democráticas. Não se trata, no entanto, de destruir as instituições democráticas que possuímos, mas de uma abertura destas a uma *democracia por vir*. Há um sentido de *promessa* neste por vir, abrir a democracia para a sua própria promessa, possibilitar a abertura para a invenção, para o inesperado, para o estranho, para o *outro*. Importante salientar que o por vir não indica para a desconstrução nenhum futuro presente ou futuro próximo, mas, como afirma Derrida, a democracia "(...) Não somente ficará perfectível indefinidamente, ou seja, sempre insuficiente e futura, mas pertencendo ao tempo da promessa, ela ficará sempre, em cada um de seus tempos futuros, por vir: mesmo quando há democracia, ela nunca existe, nunca está presente, fica o tema de um conceito não apresentável" (DERRIDA, 1994, p. 339-340).

Derrida defende ainda uma solidariedade que se estenda a todos os seres vivos indiscriminadamente, o que, do ponto de vista político, significa incluir não apenas e nem primeiramente aqueles que são cidadãos, mas todos os indivíduos humanos e não humanos. Significa também lutar por um direito inclusive dos animais. É a partir dessas considerações que Derrida aponta, por exemplo, para a questão de uma hospitalidade por vir; *a democracia por vir* compreenderia a inclusão, não apenas de cidadãos, mas de todo e qualquer indivíduo sem *estatuto político*, sem *identidade nacional, sem documento, pessoas deslocadas*, como aquelas *imigradas à força* em virtude das guerras.

Contrariamente aos nacionalismos identitários que além de inóspitos, na maioria das vezes, são excludentes do que não é supostamente igual, do estrangeiro e do outro, a diferença defendida por Derrida é aquela que é multilinguística, multirracial, multicultural. O que presenciamos como *identidade*, de fato, não passa de uma rasa homogeneidade ou de um *idêntico a si mesmo* que pode converter-se em um perigo de exclusão para aqueles que não preencherem minimamente as condições impostas pelo *idêntico*. Entretanto, ao evidenciar a instabilidade da noção de *identidade* nas democracias existentes, Derrida não está pregando a *pura* diversidade contra a identidade, mas denunciando as falsas unidades identitárias. Não significa que, com isso, devemos abdicar de nossa identidade cultural, de falarmos a nossa língua, português, de pertencermos a um povo, a uma certa nação ou possuirmos cultura e costumes próprios. A ideia de uma *democracia por vir* é aquela capaz de garantir uma identidade internamente diferenciada, capaz de englobar, também, a ideia de toda diferença possível de imaginar. Uma noção de identidade que difere de si mesma. Estas ideias estão, de certo modo, desenvolvidas em *O Outro Cabo* (1995), ao qual nos referimos anteriormente.

A noção de democracia por vir implica, também, a questão ética. Porém, para Derrida, comprometer-se com uma ética é situar-se no domínio logocêntrico desta. Daí adotarmos, quando falamos em desconstrução, o substantivo 'ético' e não a ética, já que esta última é metafísica para Derrida, o que gera uma impossibilidade de tratamento pela desconstrução.

A hospitalidade, por exemplo, nos garante não apenas a lei da morada, mas o ethos do ético. A hospitalidade para ser completa, para poder ser totalmente preenchida, necessitaria ser incondicional. Uma lei incondicional que anunciaria a chegada do outro sem condições, sem querer saber a proveniência, a origem, o endereço, o nome. Aqui aparece o ético como hospitalidade irrestrita ou hiperbólica. O ético, com inspiração em Lévinas, seria então o acolhimento do Outro de modo irrestrito e inesperado, sem a intenção de trazê-lo ou associá-lo a qualquer identidade já dada, ou seja, o outro a quem se acolhe aparece e se mantém como Outro, a alteridade sendo preservada em sua diferença completamente.

Mesmo que ela seja o melhor nome e o melhor sistema, no entender de Derrida, no mundo contemporâneo, pelas adversidades que em nome dela se apresentam e pelos limites que se colocam, poderíamos dizer que, ao invés de uma democracia constituída e presente, o que assistimos atualmente é uma democracia banida. É como se a democracia fosse expulsa dos regimes ditos democráticos. É também uma democracia ban(d)ida, dominada por corsários, piratas e abutres econômico-políticos e mesmo jurídicos. Assim, a democracia está sempre adiada, expressão de Derrida. Seus deslocamentos, que são desconstruções, estão sempre por vir, diríamos. Mas a democracia que temos é fraca, incompleta, imperfeita, obstaculizadora, está sempre ainda por se fazer e, como ideal, ela pode ser constantemente uma democracia expurgada, reforçamos, banida. É o que vemos, por exemplo, nas formas ilegítimas de tomada do poder, na desconsideração de resultados de eleições democráticas, na forja de responsabilidades criminais de indivíduos com posições de comando ou desgoverno sem crimes, etc. A democracia é então banida, quando não bandida, se quisermos apenas lembrar alguns episódios dantescos recentes na história brasileira, nos movimentos reivindicatórios da América Latina, no desgoverno calcado em *fake news* e assim por diante.

Numa democracia ban(d)ida, os mesmos ideais promulgados para a aceitação do humano reaparecem defendidos constantemente, tais como pátria, família, tradição, preceitos morais. No entanto, reaparecem como formas vazias, distantes dos conteúdos, e as práticas daqueles que as enunciam caminham exatamente no sentido de desdizer ou inviabilizar a afirmação destes mesmos ideais. Os princípios democráticos básicos, os fundamentos que garantem minimamente as práticas como democráticas são esquecidos, ocultados e vilipendiados. Temos, então, logocentricamente, homens que não são humanos e lembrando Max Stirner, monstros inumamos.

Homens da pior espécie podem ser considerado como:

Abutres

Com esse nome vulgar para aves da família Accipitridae, as accipitriformes são também conhecidas como abutres-do-velho-mundo. Geograficamente, são provenientes da África, Europa e Ásia. No entanto, metaforicamente, o Velho Mundo que elas representam é o mundo dos usurpadores, dos exploradores de toda espécie, daqueles que colonizaram e tomaram de assalto o mundo habitado para sugar suas riquezas, tal como corsários e piratas, urubus, águias e condores. Abutres comem carniça. São aves de rapina. Em sua rapinagem, o que fazem hoje com os países como o Brasil e aqueles da América Latina, por exemplo? Como se comportam e como agem com o Outro do cabo? Distante ficou a Ilha com a poesia de suas ondas e mares. A espacialidade banida deu lugar, nas garras da rapinagem de toda espécie, à espacialidade ban(d)ida.

Figura 3: Abutres.
Fonte: *collage* de Fernando Fuão, 2022.

Com seu voo majestoso, considerado um dos mais belos voos de pássaros, o abutre é capaz de enganar a presa por muito tempo, mas não para sempre. No lamento de um samba de autoria de duas mulheres, Yasmin Alves/Iara Ferreira, a inspiração para a resistência que anuncia o por vir:

Levanta povo!
Levanta a cabeça, meu povo, levanta /Levanta que Ogum chamou pra lutar/
Prepara a mandinga, remenda a bandeira/Acende de novo a fogueira no olhar/
Faz muito tempo que a sorte não chega/E a gente vai cansando de brigar
Mas a ventania de Oyá lá no céu/É que faz ficar mais forte a raiz desse jequitibá/
Acorda que a noite chegou e até novo dia raiar/ A gente não come, não dorme, pro nosso

Tambor não parar/Eles querem que a gente chore, mas nós não queremos chorar/
A lágrima vai ser mais bela no dia em que o jogo virar/Vai ser bonita na hora em que o
o jogo virar/ Vai ser bonita, mas nós não queremos chorar/
 A gente passa essa vida comendo poeira, o engordurado pela beira/
Cuidando pra não se queimar/Nova senzala querem fazer na favela/
Mas quem mora dentro dela já se levantou pra lutar

Para ouvir, seguir o link:
https://www.youtube.com/watch?v=xQzmPXiO1UA

Figura 4: Vôo dos abutres.
Fonte: *collage* de Fernando Fuão, 2022.

Fonte das ilustrações
Figuras 1, 2, 3, 4: Collages de Fernando Fuão.

REFERÊNCIAS

DERRIDA, Jacques. *Positions*. Paris: Minuit, 1972.
DERRIDA, Jacques. *Psyché*. Inventions de L'Autre. Paris: Galilée, 1987
DERRIDA, Jacques. *Points de Suspensions*. Entretiens. Paris: Galilée, 1992.
DERRIDA, Jacques. *Spectres de Marx*. L'État de la Dette, Le Travail du Deuil et la Nouvelle Internationale. Paris: Galilée, 1993.
DERRIDA, Jacques. *Le Monolinguisme de L'Autre*. Paris: Galilée, 1996a.
DERRIDA, Jacques. *L'Autre Cap. La Démocratie Ajournée. Paris:* Minuit. Trad. Fernanda Bernardo (1995). O Outro Cabo. Coimbra: A Mar Arte. Reitoria da Universidade de Coimbra, 1996b.
DERRIDA, Jacques. *De L'Hospitalité*. Paris: Calman-Lévy, 1997a.
DERRIDA, Jacques. *Adieu à Emmanuel* Lévinas. Paris: Galilée, 1997b.
DERRIDA, Jacques. La Forme et la Façon. In: DAVID, Alain. *Racisme et Antisémitisme*. Paris: Ellipses, 2001 (a).
DERRIDA, Jacques. *A solidariedade dos seres vivos* - Entrevista a Evando Nascimento em 27.5.2001. Suplemento Mais/Folha de S.Paulo, p. 12-16, 2001b.
DERRIDA, Jacques. *La Philosophie au Risque de la Promesse*. Paris: Bayard, 2004.
DERRIDA, J. e BENNINGTON, G. On Colleges and Philosophy. Interview. In. *Postmodernism*: ICA Documents. Ed. Lisa Appignanesi. London: Free Associations Books, 1989.
BENNINGTON, G. Desconstrução e Ética. In:DUQUE-ESTRADA, Paulo Cesar (org.). *Desconstrução e Ética.* Ecos de Jacques Derrida. Rio de Janeiro: Editora PUC-Rio. São Paulo: Loyola, 2004.
BOSSERT, Federico & VILLAR, Diego. La etnología chiriguano de Alfred Métraux. *Journal de la Société des Américanistes*, vol. 93-1, p. 127-166, 2007.
CAPUTO, John D. (org.). *Deconstruction in a Nutshell*. A conversation with Jacques Derrida. New York: Fordham Univ. Press, 1997.
CAPUTO, John D. L'idée même de l'à venir. In. MALLET, Marie-Louise (org.) *La Démocratie à venir*. Autour de Jacques Derrida. Paris: Galilée, 2004, p. 295-305.
CORLLET, William *Community whithout Unity:* A Politics of Derridian Extravagance. Durham: Duke University Press, 1993.
FERREIRA, A. B. H. *Novo Dicionário da Língua Portuguesa*. 2ª edição. Rio de Janeiro: Nova Fronteira, 1986, p. 871.
KNIVET, Antony. Narração da Viagem que, nos annos de 1591 e seguintes, fez Antonio Knivet da Inglaterra ao mar do Sul, em companhia de Thomaz Canvendish. *Revista do IHGB*, p. 24-272, 1875.

LIMA, Honório. *Notícia Histórica e Geográfica de Angra dos Reis*. Rio de Janeiro: Ed. São José, 1974.

MENDES, Alípio. *Ouro, Incenso e Mirra*. Angra dos Reis: Ed. Gazeta de Angra, 1970.

MENDES, Alípio. *O Convento de Nossa Senhora do Carmo da Ilha Grande*. Apontamentos para a história dos frades carmelitas em Angra dos Reis. Rio de Janeiro: Gráfica Olímpica Editora. Autografado para Emanuel de Macedo Soares, datado de 9/07/1980.

MENDONÇA DE SOUZA, Alfredo *Pré-História de Paraty*. Nheengatu, 1(2), 1977:47-90.

MENDONÇA DE SOUZA, Alfredo. *Pré-História Fluminense*. IEPC/SEEC, Rio de Janeiro, 1981.

SANTOS, Myrian Sepúlveda. *Os Porões da República*: A colônia Correcional de Dois Rios entre 1908 e 1930. TOPOI, v. 7, n. 13, p. 445-476, 2006.

SANTOS, Myrian Sepúlveda. Lazareto da Ilha Grande: isolamento, aprisionamento e vigilância nas áreas de saúde e política (1884-1942). *Hist. Cienc. Saúde*, Manguinhos, v. 14, n. 4, Rio de Janeiro, 2007 Disponível em: http://dx.doi.org/10.1590/S010459702007000400005

SOLIS, Dirce Eleonora Nigro. A democracia banida: reflexões a partir da noção de democracia por vir de Jacques Derrida. In: CARRARA, Ozanan Vicente; DA COSTA, José André; CARBONARI, Paulo Cesar. (org.). *A democracia e seus desafios em tempos de crise*. 1ed. Passo Fundo: Saluz- IFIBE, v. 1, p. 1-244, 2017.

STADEN, Hans. *Duas viagens ao Brasil*. Belo Horizonte, Itatiaia; São Paulo: EDUSP, 1974.

VALÉRY, Paul. *Notes sur la grandeur et la décadence de l'Europe in Regards sur le Monde Actuel*. Oeuvres, Bibliothèque de la Pléiade, Paris: Gallimard, t II, 93, 1960.

VIEIRA DE MELO, Carl Egbert Hansen. *Apontamentos para História do Rio de Janeiro, Angra dos Reis e Ilha Grande*. Projeto Ilha Grande. Secretaria Municipal de desenvolvimento econômico, social e planejamento. Governo Neirobis Kazuo Nagae. [s.d]. Disponível em: https://www.ilhagrande.com.br/ilha-grande/historia/.

WAGLEY, Charles. Alfred Métraux 1902-1963. *American Anthropologist, New Series*, vol. 66, n. 3, Part 1, p. 603-613, 1964.

ABYA-YALA:
UM GRITO ANTE A ARQUITETURA
COLONIALISTA DA MODERNIDADE

José Carlos Freitas Lemos

O texto pretende fazer uma crítica aos cinco séculos de modernidade ocidental, a sua racionalidade ética e à situação limite alcançada com a atual pandemia universal da COVID-19. A arquitetura latino-americana, principalmente a da contemporaneidade brasileira, será analisada como parte, como reflexo deste amplo e incrivelmente profundo movimento político produzido pela Europa em todo este tempo. Movimento que findou por nos constituir, impeliu milhões de pessoas a acreditar e privilegiar verdades parciais abomináveis como o racismo, o machismo, o capitalismo, e que, diante dos últimos desvelamentos midiáticos globalizados, parece nos apresentar a sua agonia.

Figura 1: O ano da pandemia e do pandemônio. Fonte: *collage* de Fernando Fuão, 2022.

O INFERNO MODERNO

Foi provavelmente nas duas primeiras décadas do século XIV, quando apenas alguns indícios da Modernidade se anunciavam, que Dante Alighieri (1265-1321) escreveu a sua impressionante *Commedia*, décadas mais tarde adjetivada como "Divina" por Giovanni Boccaccio (1313-1375). Também é significativo para nós que vivemos a atual pandemia da COVID-19[1] que Boccaccio tenha vivido na época da disseminação de outra pandemia, na verdade, a maior e mais devastadora que a história humana já registrou, a Peste Negra. Tal praga lhe influenciou na escrita de outra célebre e incomparável obra-prima da literatura, *Il Decameron*[2], a história contada mediante uma centena de contos envolvendo um grupo de jovens rapazes e moças abrigado numa vila isolada de Florença para fugir da proliferação da doença. Hoje, setembro de 2020, considerando-se ter alcançado uma população mundial de aproximadamente 8 bilhões de pessoas, nos preocupa a tragédia que nos fez atingir a marca de 1 milhão de mortes, o equivalente a 0,01% da população global. Em 1350, para uma população mundial de 475 milhões de pessoas, a Peste Negra, que não era devido a um vírus, mas uma bactéria[3], matou de 75 a 200 milhões de pessoas. Ou seja, aquela doença com um pico aproximado de cinco anos, entre as décadas de 1340 e 1350, matou o inacreditável percentual entre 30% a 60% da população de seu mundo conhecido, que englobava Europa, Ásia e África (a América ainda não fazia parte). Assustadora proporção na qual seis entre dez pessoas morreram...

---

1 *Corona Virus Disease* (COVID), com primeiros casos divulgados em 2019 (19).

2 "Il Decameron" (italiano). Ou Decamerão, vocábulo com origem no grego antigo: *deca*, "dez", *hemeron*, "dias", "jornadas". Coleção de cem novelas escritas por Giovanni Boccaccio, entre 1348 e 1353.

3 É presumido que a bactéria *Yersinia pestis*, que resulta em várias formas de peste (septicêmica, pneumônica e, a mais comum, bubônica), tenha sido a causa da Peste Negra (1347-1351). Ver: BUSH & PEREZ, 2018. Durante muito tempo, estudos apontaram para roedores e suas pulgas como as causas responsáveis pela transmissão da praga. Mas recentemente (2018), uma equipe das universidades de Oslo, na Noruega, e Ferrara, na Itália, modificou a tese, afirmando que, na verdade, pode ser "largamente atribuído a pulgas e piolhos humanos" (GILL, 2018).

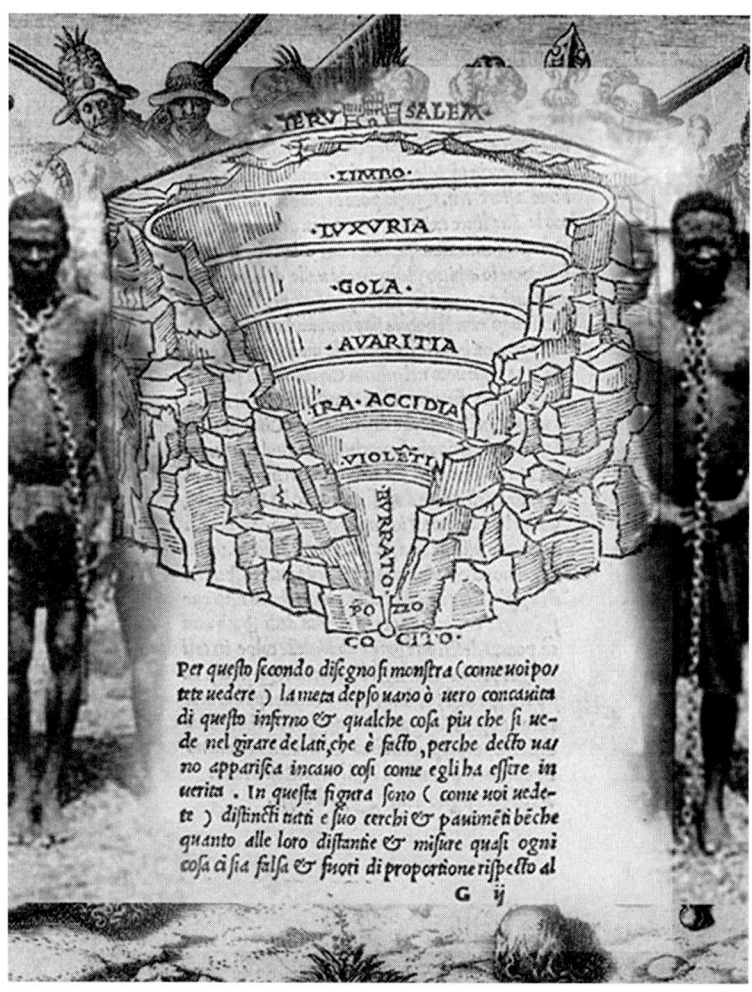

Figura 2: Visão do Inferno.
Fonte: *collage* de Fernando Fuão, 2022.

É desconcertante que Dante tenha escrito alguns anos antes da praga o longo poema da *Commedia*, considerado um dos maiores clássicos da literatura universal, e que o terço mais famoso de sua trilogia seja justamente a sua descrição do inferno (os primeiros 33 cantos do primeiro terço da obra). A descrição tem um fortíssimo viés arquitetônico, lembrando uma Babel invertida, o inferno em nove círculos concêntricos, cada um deles completamente detalhado. Intensa alegoria finalizada com a localidade de um lago congelado, o *Cocytus*[4] onde traidores de mestres e de reis eram mantidos submersos em sofrimento, residência do próprio Lúcifer, o mais famoso dos anjos caídos. A forma latinizada *Cocytus* advém do grego *Kokytos*, literalmente "lamentação". Seria errada a relação etimológica com o osso *cóccix*[5], reconhecido por habitar as proximidades do ânus. Mas a relação fonética é inevitável e a ideia do cú como a morada do diabo, a parte mais inferior, mais profunda do cone invertido do inferno é perfeita. A assustadora idealização de Dante afigura-se perturbadora antevisão dos séculos seguintes que aconteceriam sob o jugo, sob os grilhões da Modernidade europeia. Dante redige este instigante prenúncio dois séculos antes dos ibéricos se lançarem ao Atlântico.

O texto pretende ser de arquitetura. Dirigido à arquitetura como produto concreto que acontece na cidade, mas também como matéria a ser ensinada, elemento pertencente a uma estratégia pedagógica. No entanto, é igualmente um texto atordoado, impregnado pela fúria ativa e reativa que advém da Modernidade. Que é derivada de sua primitiva e irrecusável natureza capitalista e competitiva (e muito anterior ao seu tempo liberal) e de sua exclusiva viabilização mediante à colonização de povos e lugares. Será analisado um amplo período de tempo, mas a arquitetura somente será alvo de crítica em seu período final,

---

4 *A Divina Comédia*, de Dante Alighieri envolve tradições gregas e católicas. *Cócito* ou *Kokytos*, significa em grego literalmente "lamentação" (Κωκυτός). É o rio da lamentação no submundo na mitologia grega. Ele flui para o rio *Acheron*, do outro lado do qual está *Hades*, o submundo, a morada mitológica dos mortos. Existem cinco rios circundando *Hades*: o *Styx*, *Phlegethon*, *Lethe*, *Acheron* e *Cocytus*.

5Cóccix. Do grego antigo κόκκυξ (kókkuks): cuco – referindo-se à forma curvada do bico do cuco.

próximo de sua ocasião presente. Dessa maneira, é necessário que façamos uma contextualização e um recorte cujo tom, em muito, será dado por Enrique Dussel, o filósofo argentino radicado no México desde seu exílio forçado pela ditadura de seu país na década de 1970. E, de toda sua extensa e importante obra, chamaremos a atenção para aquilo que, em princípio, parece ser um descompromissado vídeo de YouTube[6], mas no qual Dussel, com grande simplicidade, nos auxilia a perceber, mediante o que se configura finalmente como poderosa mensagem filosófica, o que foi e é esta Modernidade e qual o sentido de combatê-la e superá-la. O vídeo trata da importância da ética. A ética completamente relacionada com a crise do vírus. A meditação sobre o fundamento desta crise que abalou todo o planeta. Não existe muitas vezes uma consciência exata sobre esta dramática crise mundial. É preciso, no entanto, compreender que nunca, na história da humanidade, havíamos vivido uma experiência como esta. Por quê?

Porque os instrumentos tecnológicos nos dão a possibilidade de saber no instante real, agora, o que acontece na China, ou na Índia, ou na Europa, nos Estados Unidos ou no Equador. O mundo foi globalizado. Com todos os países do globo juntos, unidos como espectadores, com toda a tecnologia acumulada no século XXI, acompanhamos a pandemia se desdobrar em tempo real. A peste está sendo vivida com uma consciência de universalidade. Isto é uma novidade sem precedentes.[7]

Existe, entretanto, algo mais sério que é ligado a esta peste e a este presente artigo, a Modernidade. Pode-se dizer que seu ponto de partida aconteceu há cinco séculos, tendo como protagonista a sociedade europeia. Dussel (2020) relata que a Europa era uma cultura secundária sitiada pelo mundo árabe e otomano. Encontrava-se fora da história. Era subdesenvolvida, perante a magnitude do mundo otomano e muçulmano que ia do Marrocos até as Filipinas. Uma cultura realmente univer-

---

6 Trata-se da participação de Dussel num programa informativo mexicano acerca dos desdobramentos da crise do Coronavírus. Ver: DUSSEL, 2020.

7 DUSSEL, 2020.

sal. Entretanto, com a invasão das Américas, a Europa se abre ao mundo e as coisas mudam. Com a riqueza da América, passo a passo, o capitalismo vai sendo gerado, sob forte condicionamento da ciência que se estabeleceu principalmente durante o Barroco, a partir do século XVII. Dessa maneira, a Modernidade capitalista e mercantilista se definiu como um sistema de pensamento econômico baseado na ciência. Logo, Descartes define o ser humano como um "eu" que podia ou não ter um corpo. O ser humano como um anjo, uma alma relacionada com um corpo, concebido como uma máquina física, objeto da matemática. E a natureza como *res extensa*, algo como "extensão", igualmente observada pela matemática e pela física. Nestas concepções, sob a estrita atenção "mercantilista", ficaram de lado as qualidades do ser humano e da natureza.

A Modernidade inicia sua escalada de domínio à natureza. A natureza como objeto a ser explorado pelo homem. O "eu" que domina para retirar vantagens econômicas, para alcançar maior riqueza. Contudo, assevera Dussel, todo este sistema moderno e capitalista foi fundado sobre um erro, uma concepção errônea, uma escolha equivocada. A natureza não é um objeto, a natureza é o todo dentro do qual o ser humano surgiu. O ser humano surgiu porque antes, há quatro bilhões de anos, surgiu a vida sobre a Terra na forma de bactérias, primeiras células e vírus. Tempo muito anterior aos dos tipos de células de animais e vegetais que conhecemos. O *homo sapiens*, o gênero que inclui o tipo humano que conhecemos hoje, tem 200 mil anos sobre a terra, 2.000 séculos. Como parâmetro de comparação, toda a Modernidade tem aproximadamente 5 séculos.

Então, a Modernidade foi uma espécie de projeto. Um terrível projeto, meio sem piloto reconhecido, pretensamente produzido por sociedades que se identificavam por serem de raça branca e europeias. E diante de suas façanhas foram necessárias escolhas, muitas vezes perversas. A esta escolha inicial errada de avaliar a natureza como objeto a ser explorado, cumulativamente se somaram muitos outros graves equívocos ao longo destes cinco séculos de Modernidade: todas as queimadas, os desflorestamentos, os extermínios de espécies animais e vegetais, os genocídios de populações humanas... a tal ponto que podemos chegar a destruir as condições de possibilidades da reprodução de própria vida na terra. Todas estas questões pertencem ao campo da ética. E é este desequilíbrio fundamental com o qual o Coronavírus nos confronta.

"Abya Yala!", *"Marielle presente!"*, *"I can't breathe!"*

Estas manifestações de milhões de pessoas no século XXI são ao mesmo tempo resíduos do tempo transcorrido da Modernidade e uma resposta a ela enquanto modelo de sobrevivência. Fragmentos de uma longa história, ecos de episódios sequenciais que tornaram populações inteiras muitas vezes desesperançadas e abatidas, e muitas outras vezes indignadas e enfurecidas. Parecem desconexas, mas na verdade apontam resultados de um mesmo processo. São afunilamentos do gargalo de realidade em que nos encontramos, o contexto de humanidade na pandemia da COVID-19. Seus apupos são encarnações de três movimentos populares que iniciaram nas Américas, mas que, conduzidas pela força das redes sociais, reverberaram fortemente em outros locais do planeta. Estas mídias e redes sobrevenientes possibilitam a sua observação no exato momento em que acontecem e se encontram a revolucionar a comunicação e a informação. Contudo, se tornam cada vez mais pesadas, compõem um tecido infinitamente carregado, cotidianamente encharcado com o sangue e com a seiva de incontáveis seres humanos, espécies animais e vegetais extintas. Inferno quadro a quadro, em que absolutamente tudo é registrado em imagens fotográficas digitais que podemos acessar indiscriminadamente, a qualquer momento. Quando os colonizadores europeus chegaram, trouxeram a morte para o continente americano. O colapso populacional entre as várias etnias de povos originários existentes em toda a extensão de seu território atingiu o status de um "holocausto americano". As estimativas são devastadoras. Só no primeiro século da colonização, as populações indígenas da América Latina tiveram quedas entre 90 e 95%. Neste século XVI, a América do Sul perdeu 75 milhões de seus habitantes. Exclusivamente na região do México, morreram 9 milhões de pessoas[8]. A máquina, a indústria mercantilista, primeiro estágio tecnológico e econômico do capitalismo moderno, trucidou estes seres humanos em nome da exploração de riquezas. Em pouco mais de cem anos, a Modernidade capitalista varreu toda a exuberância cultural de infindáveis agenciamentos humanos que compunham o território americano.

---

8 FEDERICI, 2017, p. 167.

Figura 3: Devoração dos índios *gays* assistida por escravos.
Fonte: *collage* de Fernando Fuão, 2022.

Figura 4: Xenofobia indígena. Fonte: *collage* de Fernando Fuão, 2022.

Somente no século XXI, com muita dificuldade, uma incipiente organização política de povos ameríndios começou a se articular. A despeito de variadas denominações nas línguas dos povos originários do continente como *Tawantinsuyu*, *Anauhuac*, ou *Pindorama*, estes coletivos escolheram usar a expressão "Abya Yala" como autodesignação política de sua unidade e de pertencimento à terra em que vivem, procurando fazer oposição à expressão América[9], de inequívoca origem ligada ao prenome do navegador italiano Américo Vespúcio (1454-1512).[10] O significado de Abya Yala vem da língua do povo Kuna[11], quer dizer "terra madura", "terra viva" ou "terra que floresce". A intenção dos po-

---

9 Antes do uso político pelos povos originários, intelectuais como o linguista e antropólogo Xavier Albó Corrons (1934), jesuíta catalão radicado na Bolívia (ALBÓ, 2006), já haviam feito uso da expressão *Abya Yala* no lugar da expressão consagrada de designação do continente América (PORTO-GONÇALVES, 2016).

10 A denominação América já se encontra presente na obra *Cosmographiae introductio* (1507) escrita pelo cartógrafo alemão Martin Waldseemüller (1475-1522), que contém um mapa indicando *Americi Terra vel America* (Terra de Américo ou América) (NICHOLAS, 2016).

11 O povo kuna é originário do norte da Colômbia e hoje habita o território de Kuna Yala, no arquipélago de San Blas, no Panamá (PORTO-GONÇALVES, 2009).

vos originários era retomar um protagonismo de enunciação, completamente silenciado desde a invasão do continente e o genocídio de suas gerações passadas pelos europeus desde o século XVI.[12]
Hoje, passados pouco mais de dez anos da última "cúpula" de povos originários, verificamos o retorno da crueldade dirigida a eles em toda a sua intensidade. Sua incipiente iniciativa política organizativa foi freada e a restituição de sua dignidade mais uma vez postergada. Abya Yala volta a ser um sonho distante, afastado para um futuro incerto. Protagonizado pelo governo brasileiro, de 2017 a 2020, indígenas voltaram a ser chacinados (homens, mulheres, velhos e crianças) e expulsos de seus domínios por se encontrarem no caminho de negócios da sociedade moderna, capitalista e liberal constituída. Encontra-se em curso nova política genocida. Sob uma horripilante e novíssima máscara fascista, mais uma vez, a Modernidade se esforça por sufocar o clamor já sem esperança dos povos originários. As mulheres têm uma história igualmente trágica neste transcorrer moderno. A historiadora italiana Silvia Federici escreveu, em 2004, a magnífica obra *Calibã e a bruxa* em que traça uma enérgica e contundente crítica à Modernidade em seus primeiros séculos, comentando o vazio produzido por inúmeros autores predominantemente do sexo masculino que "apagaram" o feminino da história. Dessa maneira, corajosamente aponta lacunas em visões clássicas produzidas por ninguém menos que Karl Marx (1818-1883) e Michel Foucault (1926-1984), estudiosos das maneiras de imposição do sistema moderno e capitalista sobre a sociedade e sobre os corpos.

---

12 Dessa maneira, de três grandes eventos chamados "Cúpula" ou "Cumbre Continental de los Pueblos y Nacionalidades Indígenas", surgiu a proposta de denominação de Abya Yala para o continente. No primeiro encontro, em Teotihuacan (Cidade do México, 2000), ainda fez-se referência a América, mas, desde o segundo, Quito (2004), usou-se a nova referência. E, no terceiro, Cidade da Guatemala (2007), constituiu-se uma permanente *Coordinación Continental de las Nacionalidades y Pueblos Indígenas de Abya Yala* que visava o: "(…) enlace e intercambio, donde puedan converger experiencias y propuestas, para que juntos enfrentemos las políticas de globalización neoliberal y luchemos por la liberación definitiva de nuestros pueblos hermanos, de la madre tierra, del territorio, del agua y de todo patrimonio natural para vivir bien." (PORTO-GONÇALVES, 2016).

Figura 5: Acorrentadas. Fonte: *collage* de Fernando Fuão, 2022.

Figura 6: Execução sumária. Fonte: collage de Fernando Fuão, 2022.

Nenhum analista da Modernidade deu o lugar central diagnosticado por Federici à caça às bruxas, como uma espécie de tecnologia crucial da Modernidade e do Capitalismo. Para ela, toda a força e a resistência femininas que eram comumente identificadas nas comunidades medievais de todo mundo europeu foi aniquilada pelo grande evento político da caça às bruxas que se disseminou entre muitas organizações políticas no final da Idade Média e durante os primeiros séculos da Modernidade, entre os emergentes Estados-nações. Ressalta o protagonismo feminino diante das intensas lutas de camponeses pela terra e por suas vidas comunitárias no tempo do embrião do capitalismo moderno, e nas principais revoluções conhecidas da Modernidade, como os exemplos da Francesa e da Russa. Justamente pela atribuição de papeis sociais e econômicos inferiores e pela dificuldade relacionada de sobrevivência ao longo dos séculos, estas mulheres, muitas vezes com filhos em seus colos, corporificaram fortemente os ímpetos necessários à direção das lutas, que as conduzissem à superação de suas condições. Na maioria das vezes, viveram circunstâncias em que, simplesmente, não tinham nada a perder. Mesmo assim, sua atuação e importância foi silenciada. Numa época em que os processos reprodutivos detinham um grande peso no desenvolvimento das economias, a caça às bruxas e todo um conjunto de leis disciplinou a autonomia feminina sobre seus próprios corpos, controlando firmemente as políticas sobre natalidade. As mulheres foram condenadas às fogueiras e outros castigos ou, finalmente, relegadas ao lar. Ainda assim, não tiveram reconhecida nem mesmo por Marx a importância de sua responsabilidade na reprodução do trabalho, que significava a geração de novos trabalhadores. Nas palavras de Federici (2017b): "Enquanto morriam nas fogueiras, queimava junto com elas a resistência ao incipiente capitalismo".
Todo este tratamento discriminador auxiliou no suporte à hegemônica mentalidade machista e depreciativa da mulher. Levou desde o menosprezo dirigido a filhas mulheres até o direito de surrar a esposa, de colocá-la em seu devido lugar, situações que mergulharam fundo na Modernidade e que chegaram agravadas aos nossos dias. No primeiro semestre de 2020, o Brasil teve 1.890 homicídios dolosos de mulheres, deste total, 631 foram feminicídios, assassina-

tos de ódio contra mulheres pelo simples fato de serem mulheres.[13] A expressão "Marielle presente" é parte de um movimento popular que faz alusão à execução assassina da vereadora Marielle Franco do PSOL (Partido Socialismo e Liberdade) no Rio de Janeiro. No dia 14/03/2018, criminosos num veículo emparelharam com o carro da vítima em movimento e dispararam diversos tiros, culminando em seu assassinado e no de seu motorista. Marielle era o protótipo da mulher de raízes pobres e com vigorosa capacidade de combater o sistema de desigualdades e exclusões. Uma "cria" da favela da Maré[14], jovem e negra, havia tido uma votação surpreendente de mais de 46 mil votos (a quinta mais votada de 2016) e possuía um mandato promissor, atuando na defesa das causas identitárias e das classes desfavorecidas.[15] O significado da frase se conecta a sua atuação na Câmara Municipal do Rio, no Dia Internacional da Mulher (08/03), quando ela, relembrando a violência dirigida a figuras femininas emblemáticas, referia cada nome em voz alta e as mulheres no local respondiam "presente".[16] A Modernidade capitalista mercantilista, colocou em prática um regime de trabalho orientado à exploração de seres humanos de proporções nunca igualadas na história. A exploração das populações negras e africanas como escravizadas nas terras colonizadas pelos europeus a partir do século XVI já é ampla. As condições a que estas pessoas estiveram sujeitas na travessia do Atlântico e nas plantações nas Américas foram as piores possíveis.

---

13 VELASCO et al., 2020.

14 Maré ou complexo da Maré é uma região constituída por um conglomerado de pequenos bairros e favelas às margens da Baía de Guanabara, numa antiga área de manguezal desde meados do século XX (MARIJSSE, 2017).

15 MORETZSOHN, 2018.

16 É necessário dizer que, paradoxalmente, a expressão também traduz a apropriação da mídia e de setores da sociedade a serviço de uma perspectiva de direita em que os criminosos a mando dos interesses do capital são omitidos e, em seu lugar, são oferecidos e demonizados rostos de delinquentes oriundos das classes mais desfavorecidas. Situação que claramente pode ser acompanhada por todos via mídia, no caso das investigações sobre a morte da vereadora (MORETZSOHN, 2018).

Figura 7: Marielle. Fonte: *collage* de Fernando Fuão, 2022.

Figura 8: Punição. Domesticação. Colonização. Fonte: *collage* de Fernando Fuão, 2022.

Más acomodações, má alimentação, maus-tratos. Esta tendência somente foi limitada nos primeiros três séculos do colonialismo pela pouca resistência dos trabalhadores, e, principalmente, pelo risco de esgotamento da força de trabalho na consideração de índices de mortalidade muito elevados entre os escravos.[17] Mesmo assim, submetidos a tais condições, milhões de africanos morreram, submetendo o método de trabalho escravo a uma profunda e insana contradição (dependia do trabalho escravo e continuamente os matava). Apenas o regime nazista do Terceiro Reich atingiu proporções genocidas semelhantes à exploração do trabalho escravo.[18]

Métodos brutais constituíram uma reputação mercantilista muito negativa, duramente criticada inclusive entre economistas capitalistas da época que preferiam vender a ideia (liberal) de que o capitalismo promovia a liberdade e não a coerção.[19] Para a ortodoxia mercantilista, o "ócio" era uma praga social que devia ser combatida. Tinham uma satisfação sádica em observar as legiões de trabalhadores dedicados no limite de suas exaustões para realizarem os empreendimentos coloniais. As teorias mecanicistas mercantilistas serão ainda mais radicalizadas nos séculos seguintes, a partir dos pensamentos de Francis Bacon (1561-1626) e René Descartes (1596-1650).[20] Estes mercantilistas e suas práticas muito efetivas são o alvo principal das análises das tecnologias disciplinares por Foucault (1975), na obra *Vigiar e punir*. Além da idealização do tráfico de escravos, mercantilistas também inventaram as casas de trabalhos forçados e inundaram as colônias com criminosos e apenados. Sempre impondo como política um regime totalitário de extração máxima de trabalho, a despeito das condições e da idade dos indivíduos.[21]

---

17 FEDERICI, 2017a, p. 121.
18 FEDERICI, 2017a, p. 126.
19 Id., ibid., p. 172.
20 Para quem o corpo deveria ser visto como um autômato, uma máquina. E a morte do corpo, algo como uma ferramenta quebrada.
21 FEDERICI, 2017a, p. 173.

Figura 9: Domesticação. Escravidão. Fonte: *collage* de Fernando Fuão, 2022.

O sistema colonial, ao impor a escravidão como economia, instaurou os primórdios da história do *racismo*, componente corrosivo das sociedades contemporâneas. O racismo, como o conhecemos, surgiu na Modernidade. Para os modernos capitalistas, foi um efeito colateral. Como diz a série de documentários da BBC *Racism: A History* e expressando uma obviedade, *a síntese da ideia de raça expressa o domínio de europeus sobre não europeus*. Mesmo hoje, no Brasil ou nos EUA, o sentimento racista é devido à pretensão de pertencimento de parte da população à etnia europeia (ou algo que se assemelhe a isto). Tanto capitalismo quanto colonialismo foram sustentados pelas concepções de raça e de racismo. Colonizadores se tornaram racistas porque identificaram os negros e os índios escravizados como capitais a serem explorados.

A ética que fizeram emergir daí, para justificar o que faziam com os escravizados, fundou o pensamento racista até hoje vigente. Escravos negros foram a energia necessária para o lançamento dos alicerces da Modernidade e depois também para o erguimento de suas sólidas paredes de clausura. Seria um contrassenso conceber como qualidade ou capacidade do pensamento capitalista empreender uma luta ética contra o poder da geração de lucro, principalmente enquanto este poder é parte de sistemas em atividade. Sem chances. Portanto, o motivo principal de estarmos presenciando hoje uma crítica dirigida ao racismo e à escravidão, por dentro da estrutura capitalista ainda vigente, não é devido ao crescimento ou à evolução ética de nossa humanidade. Muito provavelmente, como diz a citada série da BBC, o motivo principal seja que alcançamos o distanciamento seguro de alguns séculos da participação operacional do racismo e da escravidão na geração e obtenção de lucros para as operações capitalistas.[22]

Assim como as violências contra os indígenas e contra as mulheres, os negros continuam vítimas do racismo e da fúria da sociedade branca, que continua a controlar a ordem nas cidades mediante a ações da política e da polícia. "*I can't breathe!*", "*Eu não posso respirar!*", diz respeito ao movimento de indignação e fúria que explodiu em maio de 2020, a partir de Minneapolis, por várias cidades norte-americanas e depois pelo mundo, como protesto contra o assassinato de mais um homem negro.

---

22 DOCUMENTÁRIO: A História do Racismo - BBC, 2015.

Figura 10: *I can't breathe*. Fonte: *collage* de Fernando Fuão, 2022.

A expressão alude às palavras de George Floyd, a vítima, que as gritou durante várias vezes enquanto foi asfixiada pelo joelho de um policial contra seu tronco e pescoço durante 9 minutos. A cena foi filmada por um espectador e viralizou na internet. Todas estas exclamações tornam expostas antigas e sórdidas chagas sociais. A força, a energia contida na expressão berrada e em tom indignado e incontido, "*Eu não posso respirar!*", não é mensurável porque alude a um sentimento multissecular, algo que se arrasta por muito tempo como um indolente e descomunal arado da maquinaria moderna que sulca e rasga a urdidura das sociedades, separando as pessoas, enterrando e esmagando seus corpos e mentes.

CIDADES DO TERROR E DO MEDO

Por incrível que possa parecer, esta Modernidade europeia foi premiada. Por ela mesma, mas é inegável que foi. Muitas pessoas experimentaram, senão deveriam ter experimentado sentimentos de profunda ironia e também de náuseas decorrentes da premiação da União Europeia com o Nobel da Paz, em dezembro de 2012. Em seu discurso de aceitação do prêmio[23] para uma sintonizada plateia em Oslo, um emocionado Presidente do Conselho da União Europeia e Conselho Europeu, Herman Achille Van Rompuy, pertencente à nobreza belga como Conde Van Rompuy, declarou-se agradecido em nome da instituição, e expressou à maneira de um mantra uma frase que sintetizava o acontecimento de êxito.

"*Ich bin ein Europäer. Je suis fier d'être européen*". "Eu sou europeu (alemão). Eu tenho orgulho de ser europeu (francês)."[24]

Representava mesmo uma vitória porque milhares de cidadãos alemães e franceses se retalharam, furaram e mutilaram reciprocamente num período recente durante 70 anos, nos campos de batalha das guerras Franco-Prussiana (de 1870 e 1871) e nas duas mundiais (de 1914 a 1918 e de 1939 a 1945). Talvez realmente então fosse um avanço a ser comemorado e premiado. Mesmo que houvesse restrições, pois tal paz não era ainda verdade para todos os europeus.

---

23 A premiação foi dirigida ao empenho da União Europeia "For over six decades contributed to the advancement of peace and reconciliation, democracy and human rights in Europe. (The Nobel Peace Prize 2012, 2012).
24 VAN ROMPUY & BARROSO, 2012.

Figura 11: A árvore suprematista. Fonte: *collage* de Fernando Fuão, 2022.

Todavia, a tensão maior aí presente se dirigia a outro aspecto da fala e da premiação. Ao próprio fato da cerimônia oficial e internacional ser dirigida exclusivamente a "europeus" e do orgulho do presidente das nações unidas em ser "europeu". Ou seja, em pleno século XXI, o drama da Modernidade persistia, legitimamente chancelado pelo sistema de instituições supranacionais e pelos (à época) vinte e oito Estados-membros da União Europeia.[25]

Este pensamento de pertencimento ao pensamento moderno subjaz coerentemente à sociedade e à cidade moderna desde a sua clara emergência no Barroco do século XVII. Cidade constituída por gente branca, feita para gente branca, e que se repete mediante heranças há centenas de gerações.[26] Reflexo de uma sociedade do medo, de pessoas patrimonialistas, que guardam e protegem coisas, que têm suas casas, seus apartamentos, se vestem, se alimentam e têm água suficiente, sem maiores esforços. Vivem, assim, numa configuração de redoma, de claustro, de prisão da vida. Estas pessoas se visitam com dificuldade, viajam cheias de temor e ansiedade e dividem apenas entre seus iguais o uso de praças, parques, suntuosos edifícios públicos, de comércio e de serviços. Como sociedade reclusa, é atenta ao exterior como instinto de proteção, porque exclui pessoas diferentes delas e de suas famílias, enxota aquelas que lhes são estranhas para fora de seus ambientes de vida. Excluídos que são, normalmente, numerosos. Hoje, na América Latina, para uma população aproximada de 560 milhões de pessoas, a taxa geral de pobreza se encontra há alguns anos estável e um pouco acima de 30% (187 milhões de pessoas), mas, deste percentual, 1/3 (10% ou 62 milhões de

---

25 Em 2012, Alemanha, Áustria, Bélgica, Bulgária, Chipre, Croácia, Dinamarca, Eslováquia, Eslovênia, Espanha, Estónia, Finlândia, França, Grécia, Hungria, Inglaterra, Irlanda, Itália, Letónia, Lituânia, Luxemburgo, Malta, Países Baixos, Polónia, Portugal, República Checa, Roménia, Suécia. A Inglaterra saiu da União Europeia em 1º de fevereiro de 2020 (União Europeia, 2020).

26 Com o histórico e espetacular êxito econômico/político da China, por exemplo, trazendo sua população e país para o principal desempenho no mundo deste início de século XXI, veremos quais outros desdobramentos acontecerão. São parte de etnias consideradas pelos brancos europeus e norte-americanos como "orientais-amarelos". Tal acontecimento é parte do choque presente da Modernidade europeia.

pessoas) é de extrema pobreza e o número está aumentando.[27] Assim, dos muitos que se encontram externos aos muros da cidade, uma quantidade razoável tem sua própria vida e de seus familiares comprometida por suas condições. A cidade moderna foi sempre desigual, cenário de exclusões. Gilles Deleuze (1925-1995), numa de suas obras de mais difícil compreensão, *A dobra: Leibniz e o Barroco* (1991)[28], produz uma contribuição gigantesca para a compreensão da Modernidade em nosso momento presente. Acessa o pensamento complexo e matemático de Gottfried Wilhelm Leibniz (1646-1716) ao analisar a "dobra" como característica do mundo e da percepção do sujeito barroco. A maneira com que Leibniz analisou e descreveu a percepção no homem barroco, mediante a análise de Deleuze, contribui diretamente para que compreendamos a emergência do pensamento moderno contemporâneo naquele momento em que viveu, o século XVII. A temática de Leibniz sobre a dobra gira em torno de pontos de vista, ou seja, como um ponto de vista pode assumir outro ponto de vista, como são estas relações entre pontos de vista.[29] O estranhamento excessivamente impregnado de álgebra e figuras geométricas que experimentamos ao ler Leibniz, o

---

27 FARIZA & MONTES, 2019. Pobreza pode ser conceituada como a falta de recursos monetários para a aquisição de bens e serviços essenciais a uma vida "normal". Miséria (ou extrema pobreza) seria a circunstância em que suas vítimas não dispõem de dinheiro sequer para adquirir uma quantidade mínima de alimentos e outras coisas essenciais à mera sobrevivência.

28 DELEUZE, 1991.

29 Para Leibniz, cada ponto do espaço é um ponto de vista possível sobre uma inflexão ou curvatura irregular. Somente podemos fazer surgir um problema se formos capazes de determinar o ponto de vista a partir do qual possamos ordenar casos correspondentes. À primeira vista, nos diz Leibniz, tudo acontece sob a forma de curva irregular, tão irregular que se renuncia à possibilidade de encontrar a lei. Qual é a regra? Para qualquer irregularidade da curva, encontrar o ponto de vista, ou se quisermos o centro da curvatura. Encontrar o ponto de vista naquilo que parecia uma irregularidade maluca, se revelará como um esforço lógico em impor uma equação. Finito, infinito, finito, infinito, finito, infinito. Regressão, progressão, regressão, progressão, etc. Não é surpreendente que Leibniz faça em todas suas matemáticas uma espécie de cálculo dos problemas. E para cada família de problemas haverá de encontrar o ponto de vista. (DELEUZE, 1986).

distanciamento de quatro séculos que assumimos em relação ao sujeito barroco, mesmo com a ajuda de Deleuze, aos poucos nos conduz a um entendimento prático sobre a percepção visual moderna. Em 2010, eu produzi a investigação de minha tese de doutorado na qual propunha uma genealogia do desenhar. Denominei este trabalho de "uma história da *designalidade*".[30] Na época, não conhecia a imensa contribuição de Leibniz para a designalidade moderna, mediante a contribuição de Deleuze. Neste sentido, naquela ocasião, apenas citei do século XVII as contribuições de Descartes e, principalmente, Girard Desargues (1591-1661) e Blaise Pascal (1623-1662), como as figuras-chave no Barroco que se localizavam entre os tratadistas italianos da perspectiva cônica dos séculos XV e XVI[31] e os teóricos da geometria descritiva dos séculos XVIII e XIX.[32] Mas Deleuze tornou clara a importância do século XVII, como o da consolidação e esquematização teórica desta aventura moderna que na época iniciava, depois do século anterior que tinha sido o de sua irrupção a partir das grandes navegações portuguesas e espanholas. O grande *link* de Leibniz entre estas teorias dos séculos XV e XVI e as dos séculos XVIII e XIX foi o seu *insight* sobre a imanência das perspectivas cônica e paralela. O que ele fez foi produzir a explicação filosófico-geométrica desta ideia. Para isto, literalmente ligou as duas teorias modernas, a primeira emergida no Renascimento, a perspectiva cônica, e a segunda em pleno momento de emergência, durante a sua vida no Barroco, a perspectiva paralela.[33] A mensagem filosófica aí

---

30 Designalidade, portanto, foi um neologismo que criei para explicar esta história do desenhar desde a emergência da palavra "desenho" no século XIII até os dias de hoje. Mais tarde percebi que poderia tê-la chamado também "uma história da domesticação do olhar". (LEMOS, 2010).

31 Arquitetos, pintores e teóricos como Antonio di Pietro Averulino, o *Filarete* (c. 1400-1469), Leon Battista Alberti (1404-1472), Piero Della Francesca (1415-1492), Leonardo da Vinci (1452-1519), Andrea di Pietro della Gondola, o *Palladio* (1508-1580), Giorgio Vasari (1511-1574) e outros. Id., ibid.

32 Citei Gaspard Monge (1746-1818), Jean-Victor Poncelet (1788-1867) e Michel Chasles (1793-1880). Id., ibid.

33 Para isto Leibniz pondera que através de qualquer ponto no espaço podemos fazer concorrer uma infinidade de retas convergentes. E que a cada uma destas

presente é que a perspectiva paralela é Deus, as perspectivas cônicas são as criaturas. Porque não somos capazes de enxergar conforme a perspectiva paralela, se trata de uma visão divina que captura todo o espaço infinito sempre com deformações idênticas. São imanentes porque têm em comum o fato de ambas serem pontos de vista. O Ponto de vista de Deus e os pontos de vista das criaturas perpetuamente implicados um ao outro, imanentes um ao outro. No século XVII, o pensamento e o discurso moderno, mesmo intencionadamente científicos, muitas vezes foram fortemente mesclados a questões divinas e religiosas.[34] Resultou daquele pensamento que somos perspectivas cônicas imanentes à perspectiva paralela de Deus. Leibniz foi, todavia, ainda mais longe. Para ele, somos unidades *superjectos*[35], pontos de vista, que são células de paredes fechadas, opacas (que chamava "mônadas"), revestidas por tabuleiros de informação.

---

direções das retas convergentes correspondem também infinitas outras retas paralelas, de direções paralelas que passam por outros pontos. O primeiro caso remete à perspectiva cônica, o efeito de afunilamento das retas e direções de maneira idêntica ao que o olho humano captura ou percebe. E o segundo caso remete à perspectiva paralela, a perspectivação em direções com reduções sempre iguais, porque paralelas, efeito que o olho humano não consegue perceber. Mas afirma que tal consideração precisa, lógica e geométrica das duas possibilidades que definem uma e outra perspectiva, estabelece a imanência entre as duas. Ou seja, cada ponto na extensão do espaço infinito é remissível a cada um dos dois sistemas. O que leva Deleuze a relacionar com a enunciação de Desargues em que ele considera serem de mesma ordem as retas pertencentes a uma perspectivação cônica, convergentes numa distância finita, e as retas pertencentes a uma perspectivação paralela, convergentes numa distância infinita. As duas perspectivas são então de mesma ordem, implicadas, imanentes. (DELEUZE, 1986).

34 Assim, os barrocos pensavam que *"Deus retorna de todos os lados e observa todos os aspectos do mundo para manifestar sua glória. O resultado de cada uma das visões do universo reunidas em Deus, de cada vez que se faz uma visada, que alguém contempla desde um lugar, um ponto, configura uma substância ou criatura que por sua vez percebe, expressa, olha o universo mediante esta visão"*. (DELEUZE, 1986).

35 *Superjecto* é a designação que Deleuze dá ao sujeito da percepção barroca em Leibniz, com base em outro filósofo, Alfred North Whitehead (1861-1947). (Id., ibid.).

Figura 12: As mônadas caridosas. Fonte: *collage* de Fernando Fuão, 2022.

O sujeito não está aberto ao exterior. É um ponto de vista sem janelas. Está em comunicação com um tabuleiro de informação que lhe corresponde. Os dados do exterior são fornecidos mediante este tabuleiro. O mundo exterior somente existirá se o tabuleiro de informação concordar. Não é necessário abrir minha janela ao exterior, consulto acerca do *objetil*[36] no tabuleiro de informação, na verdade o consulto em mim mesmo. Portanto, o *superjecto* consulta em si mesmo um tabuleiro de informação e não abre sua janela. Ser ponto de vista para Leibniz é ser tabuleiro de informação. E, finalmente, o grande salto que nos interessa. Para Deleuze, com base em Leibniz, isto é a cidade, porque, para Leibniz, a cidade está sobre nossa cabeça. E é a cidade moderna como um cérebro monstruoso, ou seja, como um tabuleiro de informação. Deleuze insiste várias vezes que Leibniz considerava que somos pontos de vista sobre a cidade. Ou seja, esta seria nossa relação com o mundo. O mundo barroco em que viviam, já uma cidade moderna, complexa, cheia de gente, construções, vias e circulações. Leibniz era tremendamente moderno. Então, a relação que nós, sujeitos, superjectos, mantemos com a série infinita de transformações do mundo, seria como a visualização de uma mesma cidade representada de várias maneiras.[37] Portanto, a grande contribuição de Deleuze é fazer ver que Leibniz descreve a percepção moderna contemporânea que emerge no barroco. A percepção protegida e reclusa de uma sociedade capitalista urbana, que tem medo do que há no exterior, tem medo do outro que pode lhe tirar coisas, inclusive a vida. Por isso, coleta todas as informa-

---

36 *Objetil* é a designação que Deleuze dá ao objeto complexo da percepção barroca que se relaciona com o superjecto. (Id., ibid.)

37 Mas não é correto dizer que a contemplação da cidade, desde um certo ponto de vista, revelará apenas uma certa forma e oferecerá um único perfil. Absolutamente não. O ponto de vista em Leibniz não é mais rigidamente imóvel como era na perspectiva cônica renascentista. Dele agora depende o movimento da cabeça, dos olhos e até do deslocamento do corpo. O ponto de vista leibniziano é o que faz compreender a passagem de uma forma à outra, o conjunto de transformações, compila vários perfis. O ponto de vista é o que faz surgir o conjunto de transformações, ou seja, a passagem de um perfil da cidade a outro. Num ponto de vista, obteríamos a possibilidade de confrontar vários perfis e melhor compreender a forma da cidade (Id., ibid.).

ções necessárias no interior sob a forma de uma tábua de informações.[38] Toda a parafernália filosófica e matemática implícita ao pensamento de Leibniz queria significar e comunicar isto, o medo do homem moderno que vivia na cidade barroca. É o mesmo medo que temos hoje. Bruno Latour (1947 - ___) também nos ajuda a compreender esta emergência da cidade moderna via estabelecimento do pensamento e discurso no barroco. Em sua obra *Jamais fomos modernos* (1991)[39], Latour analisa e relaciona as práticas de dois pensadores e cientistas barrocos, Thomas Hobbes (1588-1679) e Robert Boyle (1627-1691), como "inventores" do mundo moderno. Em nossa perspectiva, o que Hobbes e Boyle produziram, apesar de suas diferenças e querelas, foi uma idealização da Modernidade, razão pela qual Latour afirma nunca ter existido, ou seja, foi idealizada numa maneira que nunca pôde acontecer. No presente texto, procuramos relatar justamente a realidade cruel em que consistiram todos os séculos da Modernidade. Se ela, a Modernidade, não se efetivou ou consumou como o projeto personificado por Hobbes e Boyle, ao mesmo tempo, foi responsável pelo estágio civilizatório em que nos encontramos. É muito significativo, entretanto, que nos demos conta do seguinte, Hobbes e Boyle não eram miseráveis, eles pertenciam à cidade do medo. Como contribuição ao nosso texto, interessa comentar que Hobbes e Boyle, numa atitude completamente moderna e barroca, procuraram constituir de maneiras diferentes redomas protegidas de onde podiam olhar para os fenômenos da humanidade e da natureza. Hobbes, com seu método lógico com o qual cientificou a política, analisou distanciadamente as pessoas e o Estado, atemorizado pelo Leviatã das relações sociais. Por sua vez, Boyle, com seu método de observação de politizar a ciência, em que trazia personalidades para presenciar as experiências e endossar suas descobertas, reproduzia os fenômenos naturais em laboratórios assépticos, longe dos riscos e do inusitado da natureza.

---

38 Que Deleuze relaciona com imagens *raster*, compostas por pixels no campo da informática. Assim, as imagens do tabuleiro seriam como as imagens digitais. A imagem leibniziana era, já no século XVII e no entender de Deleuze, comparável à digital. Lembrando que a primeira imagem raster somente foi produzida em 1959, nos EUA, pelo SEAC, um computador imenso do tamanho de uma sala.

39 LATOUR, 1994.

Figura 13: A marcha da fome. Fonte: *collage* de Fernando Fuão, 2022.

Os dois, Hobbes e Boyle, de maneiras diferentes, olharam o mundo rigorosamente mediante o ponto de vista retratado por Leibniz. Cada um deles foi uma célula de paredes fechadas, sujeitos que não estavam abertos ao exterior, pontos de vista sem janelas. Pertenceram à cidade moderna barroca emergente, que já era uma cidade do medo. "O homem é o lobo do homem", dizia Hobbes.

Toda a Modernidade foi representativa desta cidade fraturada, tendo, de um lado, a vida comum que conhecemos pela história, e, de outro, a cidade suja, povoada por miseráveis e marginais.[40] No final do período barroco, diante do desprezo e da abominação dirigidos pela sociedade de Dublin às crianças miseráveis que tanto incômodo causavam nas ruas, Jonathan Swift (1667-1745)[41] escreve *A Modest Proposal* (1729):

> É motivo de tristeza, para aqueles que andam pelas cidades ou viajam, verem as ruas, as estradas ou as portas dos barracos apinhadas de mendigos do sexo feminino, seguidos por três, quatro ou seis crianças, todas esfarrapadas, a importunar os passantes com solicitações de donativos. Uma criança que tenha saltado recentemente do ventre de sua mãe pode muito bem ser mantida com o leite dela durante um ano inteiro, e com pouca nutrição adicional: quando muito, não mais que o valor de dois xelins, ou mesmo com as sobras, que a mãe poderá certamente conseguir por meio de uma honesta mendicância. E é exatamente na idade de um ano que proponho aplicar-lhes minha solução, de modo

---

[40] É muito famosa a descrição da Londres vitoriana feita por Friedrich Engels (1820-1895) e Karl Marx (1818-1883), berço da Revolução Industrial, de população dramaticamente pauperizada entre as décadas de 1840 a 1890. Um dos livros mais conhecidos de Engels, *The Condition of the Working Class in England*, é dirigido a esta temática e foi publicado pela primeira vez em 1845. Inicialmente escrito em alemão e destinado ao público alemão: *Die Lage der Arbeitenden Klasse in England*. A obra somente foi publicada em inglês em 1887 (Nova York) e 1891 (Londres). (ENGELS, 2010).

[41] O mesmo autor de *Gulliver's Travels* (1726).

que, em lugar de se tornarem um fardo para os pais, ou de carecerem de alimento e vestuário pelo resto de suas vidas, virão, pelo contrário, contribuir para alimentar e, em parte, para vestir muitos milhares de outros. [...] ofereço humildemente à consideração do público o seguinte: que de cada 120 mil crianças nascidas, 20 mil possam ser apartadas para a reprodução, das quais apenas uma quarta parte serão machos, o que é mais do que costumamos fazer com as ovelhas, as vacas ou os porcos. Que as 100 mil remanescentes possam ser, com um ano de idade, oferecidas a pessoas de qualidade e posses em todo o país, sempre advertindo as mães para que as amamentem bem no último mês, de modo que fiquem bem cheinhas e fornidas para uma boa mesa. Uma criança dará dois pratos numa recepção de amigos e, quando a família jantar sozinha, os quartos anteriores ou posteriores fornecerão um prato razoável; e, com uma pitada de pimenta e de sal, aguentará bem até o quarto dia, especialmente no inverno. [...]. Aqueles que são mais econômicos (como, devo confessar, estes tempos andam a pedir) poderão esfolar a carcaça, cuja pele, adequadamente curtida, proporcionará luvas admiráveis para as senhoras e botas de verão para os cavalheiros.[42]

O humor macabro – nem tão engraçado assim – é incrivelmente impactante por sua atualidade, escracha caricaturalmente o sentimento de aborrecimento e crueldade da sociedade da época em relação aos pedintes e moradores das ruas nas grandes cidades. Já naqueles tempos, estas pessoas eram tão intensamente menosprezadas como "perdedores" por uma sociedade capitalista, que o autor idealizou satiricamente a figura de uma "pecuária humana" como sua solução. O texto traz à tona o pensamento eurocêntrico da época. Fala de crianças irlandesas que eram brancas, mas poderia muito bem tratar de crianças indígenas

---

42 SWIFT, 2019 e NUNES, 2019.

ou outras vindas da África presentes nas sociedades latino-americanas da época. Esta divisão na sociedade ocorria na Irlanda, que, durante a dominação inglesa, foi dos países mais pobres da Europa, sendo duramente desprezado por isto. Muito provavelmente, a observação diária da miséria tenha ajudado Swift a produzir esta pioneira alegoria distópica. Como sujeito crítico à Modernidade, ele não era uma célula tão fechada assim. Via e sentia diferente de sua sociedade. Transcendeu o pensamento moderno.

MOVIMENTOS SOCIAIS E UMA ARQUITETURA ÉTICA PARA A VIDA

Três séculos depois da postura crítica de Swift, precisamos continuar a dar sequência a esta superação da conduta e do pensamento modernos. Isto porque a Modernidade equivocada nos trouxe ao lugar em que nos encontramos, a grande crise pandêmica global do Coronavírus, r resultado da agressão à natureza, a comunidades humanas, a espécies vegetais e animais em nome de uma única coisa, a acumulação egoísta de riquezas. Não é suficiente, porém, que continuemos somente restritos à fala e à crítica. A história nos impele ao engajamento em ativismos políticos de defesa de tudo isto. É necessário que, efetivamente, mudemos o estado moderno das coisas. Se não o fizermos, parece se avizinhar como certo o nosso fim.

Voltando à Dussel, o ser humano, diferente dos outros animais, não atua simplesmente por instintos. Na estepe africana, se os leões comem zebras demais, acontece a redução da população de zebras. Diminuindo a quantidade de zebras, os leões ficam sem o que comer e, em decorrência, acontece também a limitação de seu contingente. Com o decréscimo do número de leões, as zebras conseguem se reproduzir melhor e voltam a existir em abundância. Estas são leis da natureza que regulam as populações de animais mediante padrões instintivos.

A vegetação e o clima também obedecem a leis naturais. As latitudes médias do planeta (por volta de 30°) constituem faixas em que se encontram alinhados todos os desertos existentes. No hemisfério sul, acontece o alinhamento entre três regiões desérticas, a do deserto de Kalahari que se expande sobre cinco países africanos[43], a do deserto de Atacama do Chile e a dos desertos da Austrália. No hemisfério norte, existe o alinhamento entre outras duas regiões desérticas, a do também africano Saara, que abrange regiões de mais de dez países[44], e a do deserto de Sonora, que cobre áreas dos Estados Unidos e do México. Estes enfileiramentos são regulados pela natureza do globo terrestre, por uma circulação de ar denominada Hadley[45], em que os ventos sobem e perdem umidade nas regiões equatoriais, razão pela qual se localizam aí também alinhadas as florestas da Terra, e progridem secos para as latitudes médias, quando descem e roubam umidade nestas regiões, por isto fazendo que resultem áridas.

Na América do Sul, entretanto, existe o chamado "quadrilátero afortunado", cujos vértices são Cuiabá e São Paulo, no Brasil, e Buenos Aires e Mendoza, na Argentina, uma grande área que deveria ser desértica e que, no entanto, chove à cântaros. Esta grande região envolve há muito tempo um mistério para os estudiosos. O que existe de diferente aqui na América do Sul que faz com que esta, que deveria ser uma região extremamente seca e sem vida, seja, ao contrário, um território farto e naturalmente irrigado? Tal área reúne com suas condições de produção 70 % do PIB da América do Sul. Aí nesta zona se encontram reunidas as grandes hidrelétricas, as maiores e melhores extensões agrícolas, muitas indústrias e muitos grandes centros urbanos. Envolve áreas do Brasil, da Bolívia, do Paraguai, da Argentina e do Uruguai. No Brasil, compreende as partes das regiões Centro-Oeste, Sudeste e Sul.[46]

A resposta para a pergunta é: a Floresta Amazônica. Desde 2014, uma

---

43 Angola, Botsuana, Namíbia, Zâmbia e África do Sul (PENA, 2020b).

44 Argélia, Chade, Egito, Líbia, Mali, Marrocos, Mauritânia, Níger, Tunísia e Sudão. Estende-se ainda pela Etiópia, por Djibuti e pela Somália, onde recebe deno

45 A Circulação de Hadley ou Célula de Hadley é um modelo de circulação fechada da atmosfera terrestre predominante nas latitudes equatoriais e tropicais. Esta circulação está intimamente relacionada aos ventos alísios, às zonas tropicais úmidas, desertos subtropicais e correntes de jato. Há três células de circulação primárias, conhecidas como célula de Hadley, célula de Ferrel e célula Polar (PENA, 2020a).

46 NOBRE, 2017.

equipe de pesquisadores do INPE sabe disto.[47] A responsável pela farta irrigação do quadrilátero afortunado na América do Sul é a imensidão verde da maior floresta tropical que restou no mundo, com a sua inacreditável diversidade de plantas e animais. Isto acontece porque a Floresta Amazônica funciona como uma gigantesca máquina que altera o rumo dos ventos e recalca a água da atmosfera sobre o Atlântico para fluir pela América do Sul. A floresta sozinha manipula o clima e faz com que uma área que se encontra a mais de 3 mil quilômetros do oceano receba dele esta umidade. Tal floresta coloca na atmosfera uma transpiração de 20 bilhões de toneladas de água (20 trilhões de litros) num único dia. Para se ter uma ideia da dimensão disto, o Rio Amazonas, que despeja no Oceano 20% de toda a água doce produzida no planeta, chega somente a 17 bilhões de litros diários. Ou seja, a floresta Amazônica, além de produzir a própria chuva, faz acontecer inacreditáveis "rios voadores", como foram denominados pelo INPE, que explicam e irrigam toda aquela região que deveria ser desértica. Estivemos acostumados a leis da natureza que regulam a vida, entre plantas, com animais, com insetos, etc. A partir desta descoberta do INPE, estamos falando de uma lei e de uma evolução natural que envolvem a vida de animais, de plantas, da floresta e da atmosfera.

Assim, resulta óbvio que a falta desta floresta seria catastrófica para nossa já realidade presente de racionamentos de água nas grandes cidades. No dizer de Donato Nobre, esta mata pode ser comparada com uma imensa usina de serviços ambientais e com o maior parque tecnológico que nosso planeta já conheceu. E as políticas decorrentes dos agenciamentos modernos estão destruindo a Floresta Amazônica. Em 2103, o ano anterior ao relatório do INPE, a porção brasileira da Amazônia já havia perdido o equivalente a três Estados de São Paulo, 763 mil quilômetros quadrados (km2) de sua área original. Com o atual governo federal, no atual Brasil de perseguições e criminalização de movimentos sociais e do beneficiamento de empresários, a situação piora muito. Para Dussel, no lugar do instinto dos animais, nós instituímos éticas. A ética ocupa o lugar que o instinto deixa livre. E na

---

47 Equipe comandada pelo Engenheiro Agrônomo Antônio Donato Nobre. (NOBRE, 2014).

elaboração de uma ética adequada, o ser humano deve compreender que é o único capacitado a destruir a natureza, e que não pode fazer isto porque depende dela, vive nela, se originou dela. O mal, todo mal que conhecemos e podemos fazer acontecer, é decorrente de um mau arranjo ético. A ética da Modernidade capitalista, colonialista e racista, é muito primitiva. Precisa ser ultrapassada, superada. Os movimentos sociais estão demandando isto. Chega! Chega de matar! Eu não posso respirar! Queremos a Abya Yala! Faz-se necessária uma revolução ética que nos descole, nos retire desta Modernidade assassina e nefasta. E no campo da liberdade, em que o instinto já não funciona, qual é a ética que nos interessa? Qual é o princípio e o fim da ética? Dussel nos ajuda a ver que é uma ética da afirmação da vida em comunidade. Uma ética como finalidade. Nunca uma ética dos valores, o que seria uma ética de meios. Todos juntos, irmanados, sem exclusões. A vida das pessoas, dos animais e da natureza demanda a urgência de que lutemos com todas as nossas forças pela simplicidade de uma ética da vida em comunidade. Diversas religiões e vários filósofos clássicos da esquerda (Marx, Engels, Kautsky) consideraram a importância capital do cumprimento de quatro necessidades básicas humanas: comer, beber, proteger o corpo do frio (vestir) e ter um dispositivo (abrigo, veículo ou morada) como proteção contra os fenômenos naturais (sol, chuva, vento...). E é por isso que interessam tanto os miseráveis, aqueles a quem falta alguns ou todos estes itens. É neste ponto que entra a arquitetura. A arquitetura como uma forma, um campo de conhecimento que auxilie a ética da vida. O princípio de racionalidade que parece muito singelo, mas que é, segundo Dussel, completamente transgressor da Modernidade, porque revoluciona, deixa para trás a ética capitalista vigente da taxa de lucro e, em sua etapa final e decadente, da meritocracia competitiva do neoliberalismo. A tão proclamada liberdade no neoliberalismo só pode ser entendida como uma irônica e muito triste "liberdade de espírito". Não pode haver liberdade se para muitos há fome, falta d'água, falta de vestimentas, falta de casas. Portanto, se pode dizer que a "liberdade de espírito" do neoliberalismo dá lugar a uma verdadeira "metafísica da competitividade", estudada e aprofundada pelos novíssimos empreendedores e articulados *coachs* e ou ceos (*chief executive officer*) que se multiplicam por todos os lados. O pensamento neoliberal da competitividade reforça a exclusão, exige a exclusão, porque devem existir vencedores e vencidos. Quem vence, vence outros que são derrotados. Para este pensamento infeliz, os miseráveis são perdedores. Tal visão aponta para a incompatibilidade total entre a gestão neoliberal e a possibilidade de democratização das populações e comunidades nacionais. E quando pensamos no terceiro mundo ou no quarto mundo, quando se fala em bilhões de pessoas vivendo como o lixo da história, esta ideia de democratização se torna ridícula. Assim, num cenário de apogeu da competitividade, onde uma maioria não tem garantidos seus itens básicos para sobrevivência, o neoliberalismo prega o fim do estado, e sua substituição pelo reinado do mercado e do consumidor (o substituto comercial neoliberal do que se entende por "cidadão").

É tudo isto que precisamos mudar. "Chega", gritam os movimentos populares. Precisamos de uma revolução ética. Mas quais políticas serão necessárias para efetivar esta ética? Precisaremos fazer terra arrasada? No que tange à arquitetura, precisaremos repensar tudo do zero? Esta seria uma estratégia muito inadequada. No mínimo, agrediríamos violentamente a natureza. E o que pode ser feito?

Podemos começar por trabalhar em nós a perda do medo. O medo que é extremamente nocivo na Modernidade. Que foi e é corrosivo na sociedade moderna e que precisamos superar. Devemos deixar para trás o medo e apostar em uma sociedade da inclusão, do acolhimento do outro, de todos os outros. Como podemos, no entanto, efetivamente fazer isto? Pensemos. Quem são as já existentes vanguardas ativas desta mudança em nossa sociedade atual? Quem tem já há algumas décadas apostado na transgressão, na superação do modelo da Modernidade, capitalista e neoliberal? Os movimentos sociais que lutam por terras e moradias.

Figura 14: MST. Fonte: *collage* de Fernando Fuão.

No Brasil, existem os exemplos do Movimento dos Trabalhadores Rurais Sem Terra (MST) e do Movimento dos Trabalhadores Sem-Teto (MTST), avançadas organizações, descoladas do pensamento acadêmico reacionário, que têm sofrido ao longo dos anos a agressão cotidiana de ações judiciais, de legislações e mentalidades contrárias a seus objetivos fundamentais em defesa da vida em comunidade e da natureza do planeta. Estes movimentos promovem importantes ocupações, nos indicam os lugares aos quais devemos dispensar atenção. São situações nas quais, como cidadãos e como arquitetos, devemos ajudá-los e não truculentamente os expulsar com a ajuda da polícia. Esta deve ser uma real e fundamental política para a arquitetura e para o urbanismo de nossa sociedade contemporânea. Apoiar, com nosso conhecimento técnico e teórico, as ocupações que ocorrem nas cidades e fazer delas o princípio de uma nova vida em comunidade, com a devida atenção à natureza.
No artigo 5º da Constituição Federal do Brasil, é garantido o direito de propriedade e a função social da propriedade. No artigo 182, é facultado aos poderes municipais a exigência de que propriedades em solo urbano promovam seu aproveitamento, sob pena de serem desapropriadas. Entretanto, diante da estarrecedora desigualdade social e do absurdo déficit habitacional existentes, a maioria dos direitos sociais não saíram do papel. Nem é preciso dizer que a história da propriedade do solo no Brasil revela forte relação com privilégios. "Num país de 850 milhões de hectares temos um déficit habitacional de quase 6 milhões de famílias. E apenas seis brasileiros, considerados os mais ricos, concentram juntos a mesma riqueza que 100 milhões mais pobres do país, quase metade da população.
No atual cenário de disputas sociopolíticas do Brasil, o Estado, através de seus poderes instituídos (executivo, legislativo e judiciário), configura-se no principal mantenedor dos ricos e poderosos. O Estado é o principal difusor do medo. Estes protegidos grandes proprietários de terra e especuladores imobiliários mantêm, na maioria das vezes, seus lotes improdutivos, desocupados e sem função social, recorrentemente com altos débitos em impostos e juros não pagos durante anos. Em tal situação, inadvertidamente, mídias e instituições falseiam o debate e criminalizam justamente quem busca a justiça social prevista na Constituição.

Figura 15: MTST. Fonte:*collage* de Fernando Fuão, 2022.

A assustadora ausência de justiça social e de cumprimento da Constituição precipita, como reação prática de comunidades empobrecidas, ocupações de terras, terrenos e moradias. Muitas dessas pessoas possuem renda familiar inferior a três salários mínimos, o que as impede, inclusive, de participar de programas governamentais de moradia social. As ocupações integram o universo da alteridade na realidade social das cidades brasileiras. Não são invisíveis, apresentam-se intensamente aos olhos de todos como a política habitacional mais efetiva no Brasil de nossos dias. São necessárias até que a reforma urbana, acenada desde a década de 1960, aconteça e passe a dar atenção aos 99% que constroem as cidades e não às minorias ricas. Como afirma Leonardo Péricles (in Nascimento, 2016, p. 146), numa ética da vida, as ocupações são para a arquitetura "(...) partes componentes do embrião que gerará o novo". A realidade das ocupações é tal que a ilegalidade urbana não pode mais ser considerada exceção, mas sim regra.

Para isto, a estratégia pedagógica arquitetônica não pode continuar sendo a mesma, precisa mudar. Uma opção é torná-la freireana, dialógica. É necessário abandonar a pedagogia tradicional que formata e deslumbra os jovens arquitetos para serem verdadeiros pop-stars, responsáveis pela autoria de dispendiosas, monumentais e antiecológicas obras icônicas a feitio das referências transnacionais da Modernidade. É vital uma pedagogia arquitetônica que pressuponha um encontro entre pessoas, entre os arquitetos e as comunidades que viverão nos espaços. Uma confluência entre o saber acadêmico e o saber popular que produza esta pretendida arquitetura ética para a vida. A cidade narrada pelo outro não é considerada pela maioria dos arquitetos, muito embora dois terços de nossas cidades sejam autoconstruídos irregularmente. É muito necessário que estes procedimentos e práticas que já existem sejam efetivados. Devemos abdicar de narrativas prescritivas e buscar o diálogo para que possamos aprender. Esta é a valiosa contribuição de Paulo Freire.

Procuramos mostrar aqui que a cidade moderna é o cenário da exclusão e do medo desde que emergiu nos séculos XVI e XVII, tão bem discernida no modelo de percepção da cidade pelo homem classicista renascentista tardio e barroco produzido por Leibniz mediante a leitura de Deleuze. O processo de organização do trabalho cooperativo no mutirão das ocupações pode ser o ensaio para a elaboração de novas formas de organização social para além da ocupação, necessárias em nosso aprendizado para uma ética da vida em comunidade. Situações que possamos aprender cotidianamente, arquitetos, professores e estudantes de arquitetura, juntamente com o pensamento do "outro", este pensar diferente, representativo de uma conjugação de interesses completamente estranhos a nós, aplicados nas ocupações. O canteiro da ocupação e sua organização são verdadeiros laboratórios experimentais de novas condições e produção de arquitetura a partir da coletividade. As ocupações e os mutirões que as constroem são verdadeiros processos de resistência, em contraposição às estratégias hegemônicas de produção habitacional.

Figura 16: Mary posa Abya Yala. Fonte: *collage* Fernando Freitas Fuão, 2022.

Os revolucionários ocupadores, estes novos cidadãos, agentes de transformações devidas nas cidades, vivendo em seus próprios lugares degenerados, insistindo na decrepitude das relações urbanas dos locais mais sujos e maltratados, estão a nos mostrar uma nova ética passível de ser expandida para todas as pessoas. Uma ética da decolonialidade, para Aníbal Quijano, uma ética do acolhimento, para Jacques Derrida, uma ética do outro, para Emmanuel Levinas, uma ética da desopressão, para Paulo Freire e uma ética da vida, para Enrique Dussel. Todas convergindo para uma nova proposta pedagógica de arquitetura para as cidades, que transcenda o pensar moderno e capitalista de uma ética da taxa de lucro ou da taxa de produção e que torne possível a clara visualização da exclusividade vibrante e revolucionária das ocupações. Uma arquitetura para a sociedade Abya Yala.

Fonte das ilustrações
Todas as imagens são collages de Fernando Fuão.

REFERÊNCIAS

ALBÓ, Xavier. *La Bitácora de Xavier Albó*. 2006. Disponível em: https://albo.pieb.com.bo/albo.html. Acesso em: 26/09/2020.

ALIGHIERI, Dante. *A Divina Comédia*. Trad. Ítalo Eugenio Mauro. Edição bilíngue. (3 vols.) São Paulo: Editora 34, 2019.

BARROS, Chico. Maranhão. *Cacique Jorginho Guajajara é assassinado em Arame*. Maranauta. Mídia alternativa. 15/08/2018. Disponível em: https://maranauta.blogspot.com/2018/08/maranhao-cacique-jorginho-guajajara-e.html. Acesso em: 30/09/2020.

BOCCACCIO, Giovanni. *O Decamerão*. Trad. Raul de Polillo. Rio de Janeiro: Nova Fronteira, 2018.

BUSH, Larry M; PEREZ, Maria T. *Peste e outras infecções por Yersinia*. (morte negra; peste bubônica). 04/2018. Disponível em: https://www.msdmanuals.com/pt-pt/profissional/doen%-C3%A7as-infecciosas/bacilos-gram-negativos/peste-e-outras-infec%C3%A7%C3%B5es-por--yersinia. Acesso em 02/10/2020.

CERQUEIRA E FRANCISCO, Wagner de. *Deserto do Saara*. Brasil Escola. 2020. Disponível em: https://brasilescola.uol.com.br/geografia/deserto-saara.htm. Acesso em: 04/10/2020.

CRUMBSFROMYMIND.COM. *Not writing about happy*. 28/05/2019. Disponível em: https://crumbsfromymind.com/2019/05/28/not-writing-about-happy/. Acesso em: 07/10/2020.

D'ÁVILA, Mariana Zonta. *6 brasileiros têm a mesma riqueza que os 100 milhões mais pobres do país, diz Oxfam*. 25/09/2017. Disponível em: https://www.infomoney.com.br/carreira/6-brasileiros-tem-a-mesma-riqueza-que-os-100-milhoes-mais-pobres-do-pais-diz-oxfam/). Acesso em 02/03/2020.

DELEUZE, Gilles. *Gilles Deleuze sur Leibniz* - Le point de vue. Cours sur Leibniz. 1986.https://amara.org/en/videos/tcEDFNi92leZ/info/gilles-deleuze-sur-leibniz-1986-le-point-de-vue/. Acessado em 05/09/2020.

DELEUZE, Gilles. *A dobra:* Leibniz e o barroco. Campinas: Papirus, 1991.

DOCUMENTÁRIO: *A História do Racismo* – BBC. 1º/02/2015. Disponível em: https://www.youtube.com/watch?v=jtg9xH2kum8. Acesso 22/02/2020.

DUSSEL. Enrique. [Entrevista] *La Pandemia con Enrique Dussel*. Ética y política. Cidade do México: 09/04/2020. Disponível em: https://www.youtube.com/watch?v=ILuu3lYWFAg. Acesso em 02/08/2020.

DEVIANT ART. *Prison 4*. 05/10/2010. Disponível em: https://www.deviantart.com/dg2001/art/Prison-4-181582315. Acesso: 07/10/2020.

ENGELS, Friedrich. *Condition of the Working Class in England*. Leipzig: 1845. 2010. Disponível em: https://www.marxists.org/archive/marx/works/download/pdf/condition-working-class-england.pdf. Acesso em 02/03/2020.

FARIZA, Ignacio; MONTES, Rocío. *Impulsionada pelo Brasil, extrema pobreza na América Latina tem pior índice em dez anos*. El País. Cidade do México e Santiago do Chile. 16/01/2019. Disponível em: https://brasil.elpais.com/brasil/2019/01/15/internacional/1547563856_964646.html#:~:text=Embora%20a%20taxa%20geral%20de,mais%20alta%20em%20uma%20d%C3%A9cada. Acesso em: 30/09/2020.

FEDERICI, S. *Calibã e a bruxa: mulheres*, corpo e acumulação primitiva. São Paulo: Elefante, 2017a.

FEDERICI, Silvia. [Entrevista] *A caça às bruxas é uma história do presente*, diz Silvia Federici em lançamento de livro em SP. Entrevistador: Helô D'Angelo. São Paulo, 21/07/2017b. Disponível em: https://revistacult.uol.com.br/home/silvia-federici-caliba-e-a-bruxa/. Acesso em 28/09/2020.

GILL, Victoria. *Os ratos são inocentes:* pesquisa aponta que humanos espalharam a peste negra, epidemia mais mortal da história. BBC News. 16/01/2018. Disponível em: https://www.bbc.com/portuguese/geral-42697733. Acesso em: 02/010/2020.

GLASS, Verena. *Ocupação na Bahia e despejo em São Paulo marcam dia do MST*. Movimentos Sociais. 29/03/2004. Disponível em: https://www.cartamaior.com.br/?/Editoria/Movimentos-Sociais/Ocupacao-na-Bahia-e-despejo-em-Sao-Paulo-marcam-dia-do-MST/2/1685. Acesso em 07/10/2020.

GODET, Mathilde. *Guide de la peinture flamande et hollandaise*. 22/04/2015. Disponível em: https://iconographieflamande.wordpress.com/page/3/. Acesso em: 29/09/2020.

GOMES, Laurentino. [Entrevista] *Consciência negra:* 'escravidão é o assunto mais importante da história brasileira'. Daynews. BBC News Brasil. 20/11/2018. Disponível em: https://www.daynews.com.br/2018/11/20/consciencia-negra-escravidao-e-o-assunto-mais-importante-da-historia-brasileira/. Acesso em: 07/07/2020.

HISTORYPLACE. *The History Place*. Irish Potato Famine. 2000. Disponível em: https://www.historyplace.com/worldhistory/famine/ruin.htm. Acesso em: 07/10/2020.

LATOUR, Bruno. *Jamais fomos modernos:* ensaio de antropologia simétrica. Rio de Janeiro: Ed. 34, 1994.

LEMOS, José Carlos. *Para uma história da designalidade*. Tese (doutorado) Universidade Federal do Rio Grande do Sul, Faculdade de Educação, Programa de Pós-Graduação em Educação, Porto Alegre, RS, 2010. Disponível em: https://lume.ufrgs.br/handle/10183/23754. Acesso em 01/03/2020.

MARIJSSE, Simon. *Um Mergulho na História:* O Nascimento e Formação do Complexo da Maré. 19/01/2017. Tradução por Geovanna Giannini. Entendendo o Rio, Pesquisa e Análise, por Observadores Internacionais. RioOnWatch. Relatos das favelas cariocas. Disponível em: https://rioonwatch.org.br/?p=23997. Acesso em: 28/09/2020.

MEISTERDRUCKE.AT. *Die sieben Werke der Barmherzigkeit*, zwischen 1616 und 1638. 2020. Disponível em: https://www.meisterdrucke.at/kunstdrucke/Pieter-Brueghel-the-Younger/755430/Die-sieben-Werke-der-Barmherzigkeit,-zwischen-1616-und-1638.html. Acesso em: 07/10/2020.

Minerva Auctions, Finarte. *Dantesca* – Manetti. Lote 193. Libri, Autografi e Stampe. Leilão 94. Milão. 2018. Disponível em: http://www.minervaauctions.com/aste/asta94/27567-dantesca-manetti-dialogo-di-antonio-manetti-cittadino-fiorentino-c-ca-al-sito-forma-misure-dello-inferno-di-dante-alighieri/. Acesso em: 28/09/2020.

MIRTESEN. *Inquisição*. 11/04/2016. Disponível em: https://pravoslavnoe-hristianstvo.mirtesen.ru/blog/43928719240/Inkvizitsiya?utm_referrer=mirtesen.ru. Acesso em 06/10/2020.

MORETZSOHN, Sylvia Debossan. *"Marielle, presente":* a causa radical e sua apropriação pela mídia. Ponto de Vista. OBJETHOS. Observatório de ética jornalística. 16/03/2018. Disponível em: https://objethos.wordpress.com/2018/03/16/marielle-presente-a-causa-radical-e-sua-apropriacao-pela-midia/. Acesso em: 28/09/2020.

MTST NOTÍCIAS. Jornada de Lutas do MTST Pernambuco. *Pelo direito à cidade e a resistência urbana*. Uma retrospectiva da Jornada de Lutas do MTST Pernambuco, em agosto de 2018. 21/08/2018. Disponível em: https://mtst.org/mtst/jornada-de-lutas-do-mtst-pernambuco-pelo-direito-a-cidade-e-a-resistencia-urbana/. Acesso em: 07/10/2020.

NASCIMENTO, Denise Morado. *As políticas habitacionais e as ocupações urbanas: dissensão na cidade*. Cadernos Metrópole, vol.18, n. 35, 145-164 São Paulo: Pontifícia Universidade Católica de São Paulo. Jan./Apr. 2016. Disponível em: https://www.redalyc.org/articulo.oa?id=402844839006. Acesso em: 20/06/2022.

NEGRISSIMOS. *A História da Escravidão Negra no Brasil*. 15/11/2017. Disponível em: https://medium.com/@negrissimosblog/a-hist%C3%B3ria-da-escravid%C3%A3o-negra-no-brasil-e-944b06cfa05. Acesso em: 29/09/2020.

NERDAL, Roar. VG. Debatt. *Et lite mord i Rio*. 21/03/2019. Disponível em: https://www.vg.no/nyheter/meninger/i/3JjeAA/et-lite-mord-i-rio. Acesso em 06/10/2020.

NICHOLAS, Dean. *Colocando a América no mapa*. Um mapa alemão publicado em 1507 foi o primeiro a nomear o continente. History Today. 25/04/2016. Disponível em: https://www.historytoday.com/history-matters/putting-america-map. Acesso em: 26/09/2020.

NOBRE, Antonio Donato. *O futuro climático da Amazônia*: relatório de avaliação científica. São José dos Campos: ARA: CCST-INPE: INPA, 2014. e-book. : il. Disponível em: file:///C:/Users/JOSE%20CARLOS/Downloads/Futuro-Climatico-da-Amazonia%20(1).pdf . Acesso em: 03/10/2020.

NOBRE, Antonio Donato. *Rios Voadores*. Pesquisa FAPESP. 26/12/2017. Disponível em: https://www.youtube.com/watch?v=uxgRHmeGHMs. Acesso em 01/10/2020.

NUNES, Sebastião. *Modesta proposta para melhor aproveitamento dos filhos das pessoas pobres*. GGN. 17/11/2019. Disponível em: https://jornalggn.com.br/literatura/modesta-proposta-para-melhor-aproveitamento-dos-filhos-das-pessoas-pobres-2/. Acesso em: 01/03/2020.

PENA, Rodolfo F. Alves. *Circulação Atmosférica*. 2020a. Disponível em: https://mundoeducacao.uol.com.br/geografia/circulacao-atmosferica.htm. Acesso em: 03/10/2020.

PENA, Rodolfo F. Alves. *Deserto do Kalahari*. Mundo Educação. 2020b. Disponível em: https://mundoeducacao.uol.com.br/geografia/deserto-kalahari.htm. Acesso em 03/10/2020.

PORTO-GONÇALVES, Carlos Walter. *Abya Yala*. Instituto de Estudos Latino-Americanos – IELA. Povos originários. A recuperação cultural das civilizações antigas e a luta do presente. 11/07/2009. Disponível em: https://iela.ufsc.br/povos-origin%C3%A1rios/abya=-yala#:~:text-O%20povo%20Kuna%20%C3%A9%20origin%C3%A1rio,Kuna%20Yala%20(San%20Blas). Acesso em: 27/09/2020.

PORTO-GONÇALVES, Carlos Walter. *Abya Yala*. Enciclopédia Latino-Americana. 31/08/2016. Disponível em: http://latinoamericana.wiki.br/es/entradas/a/abya-yala. Acesso em: 26/09/2020.

PUBHIST. 1999. Theodore de Bry. *Massacre dos índios*. Gravura. Disponível em: https://www.pubhist.com/w21706. Acesso em 07/10/2020.

SCOTT, Dylan; NELSON, Libby. *What we know about the nationwide protests over George Floyd's death*. Protests erupted in Minneapolis, Atlanta, Detroit, and around the country. VOX. 30/05/2020. Disponível em: https://www.vox.com/2020/5/30/21275574/george-floyd-protests-minneapolis-detroit. Acesso em 28/09/2020.

STORTI, Mateus. *Dia da Abolição da Escravatura:* o Quilombo de Itupeva. No passado, grande parte da mão de obra das fazendas era escrava, e Itupeva se localizada um dos refúgios para os escravos da região. 13/05/2020. Disponível em: https://conteudo.solutudo.com.br/itupeva/cidadania-itupeva/dia-da-abolicao-da-escravatura-o-quilombo-de-itupeva/. Acesso em: 07/10/2020.

SWIFT, Jonathan. *A Modest Proposal:* For Preventing the Children of Poor People in Ireland from Being a Burden to Their Parents or Country, and for Making Them Beneficial to the Public. Dublin: S. Harding, 1729. The Project Gutenberg EBook of A Modest Proposal, by Jonathan Swift. 17/10/2019. Disponível em: https://www.gutenberg.org/files/1080/1080-h/1080-h.htm. Acesso em: 01/03/2020.

The Nobel Peace Prize 2012. NobelPrize.org. 12/10/2012. Disponível em: https://www.nobelprize.org/prizes/peace/2012/summary/. Acesso em: 04/10/2020.

União Europeia. Países. 01/10/2020. Disponível em: https://europa.eu/european-union/about-eu/countries_pt. Acesso em 03/10/2020.

VELASCO, Clara; GRANDIN, Felipe; CAESAR, Gabriela; REIS, Thiago. *Assassinatos de mulheres sobem no 1º semestre no Brasil, mas agressões e estupros caem; especialistas apontam subnotificação durante pandemia*. G1, Monitor da Violência. 16/09/2020. Disponível em: https://g1.globo.com/monitor-da-violencia/noticia/2020/09/16/assassinatos-de-mulheres-sobem-no-1o-semestre-no-brasil-mas-agressoes-e-estupros-caem-especialistas-apontam-subnotificacao-durante-pandemia.ghtml. Acesso em: 28/09/2020.

VAN ROMPUY, Herman; BARROSO, José Manuel Durão. *"From war to peace:* a European tale". Address by Herman Van Rompuy, President of the European Council & José Manuel Durão Barroso, President of the European Commission. European Commision. 10/12/2012. Disponível em: https://ec.europa.eu/commission/presscorner/detail/en/SPEECH_12_930. Acesso em: 23/02/2020.

VIANA, RAQUEL DE MATTOS. *Déficit Habitacional no Brasil 2013:* Resultados Preliminares. Nota Técnica. Belo Horizonte: Fundação João Pinheiro, 2015. Disponível em: http://www.bibliotecadigital.mg.gov.br/consulta/consultaDetalheDocumento.php?iCodDocumento=76698. Acesso em 01/03/2020.

Traços e rastros das brasileiras que retornaram para a África

Fábio Borges do Rosario

Introdução

> *O título escolhido parece esconder, na promessa de uma homenagem, uma escrita sobre a escrita: sobre a loucura do momento em que se escreve, e, talvez, mais ainda, sobre a loucura do momento em que se escreve sobre a escrita. Talvez a loucura da escrita seja a loucura de escrever para [um] outro que não está diante de nós, para [um] outro que, como um rastro absolutamente ausente, direciona, em sua distância, a minha escrita – e a torna tão espectral quanto esse outro, que, de algum lugar, de um lugar absolutamente outro, guia cada movimento dos rabiscos e dos toques no teclado.* (Rafael Haddock-Lobo)

Tomando como ponto de partida as herdeiras da confluência entre arquitetas e filósofas que ousavam desconstruir a Filosofia e a Arquitetura, em suas pesquisas no Collège International de Philosophie, nosso grupo de pesquisa, quiçá, deveria ir além dos caminhos já trilhados. Considerando que na Filosofia e na Arquitetura só há amigas, unidas pela amizade e pelo amor à sabedoria, movemos nossa escuta para essas vozes silenciadas. Silenciadas pelas pessoas que obsidiadas pelo ódio enclausuram-se nas florestas frias onde habitam os fantasmas dos preconceitos.

Nas terras brasileiras, pensamos a desconstrução e a descolonização da pesquisa sobre a brasilidade. Desviamos da tentativa de pensar a brasilidade como identidade ou como mesmidade. E se, por economia, empregamos o termo brasilidade, temos como horizonte pensar as comunidades que se identificam com a cultura produzida nestas terras a partir da confluência das inúmeras etnias que contribuíram, contribuem e contribuirão para a formação do Estado-nação.

Acompanhamos as comunidades brasileiras em diferentes territórios pelos telejornais nacionais. Formadas em alguns países pelas descendentes que retornam, tais comunidades são caracterizadas pela preservação da cultura brasileira. Memória que as tornam distintas dos Estados-nação que as hospeda.

Orgulhosamente, mantemos intercâmbios com as coletividades de retornadas na Síria, Líbano, Japão, Israel, etc. O mesmo ocorre com as

comunas de imigradas para os Estados Unidos, França, Alemanha, etc. Ações e intervenções comunitárias ou estatais garantem a proteção de retornadas ou emigradas quando acometidas por vicissitudes, e o retorno à terra brasileira, quando de interesse da pessoa acometida por dificuldades.
Silenciamos, entretanto, a existência das mais antigas comunidades brasileiras de retornadas e lhes recusamos o passaporte brasileiro. As pessoas que retornavam para a África, imbuídas por distintas motivações, estabeleceram moradia em Gana, Benin, Togo, Nigéria.
Seria o silêncio um resquício do tratado de reconhecimento da independência assinado por Portugal e pelo Brasil? Neste tratado, a nação brasileira comprometia-se a não incorporar as colônias lusas no continente africano (Angola, Moçambique, Cabo Verde, São Tomé, Guiné Bissau e Forte de Ajudá). Tal compromisso foi mantido até o século XX, quando o Estado brasileiro opôs-se ou silenciou as demandas destas colônias, no instante em que eram apresentadas na Organização das Nações Unidas.
O pioneirismo no reconhecimento da independência de Angola pelo Brasil não significou uma mudança nas relações diplomáticas direcionadas aos Estados-nação da África. Resultado tanto da cooperação militante de brasileiras anticolonialistas quanto de interesses neocolonialistas, o reconhecimento poderia pavimentar novas relações cimentadas na solidariedade. O país perdeu a oportunidade de reconectar-se com suas raízes ancestrais africanas.
Excetuam-se neste histórico de distanciamento dos países africanos as gestões de João Goulart, Jânio Quadros, Luiz Inácio Lula da Silva e Dilma Roussef. Nestes governos, buscou-se solidificar as relações diplomáticas entre o Brasil e diversos países africanos. Diferenciam-se também dos governos militares que buscavam apenas relações comerciais desiguais com as nações africanas; naqueles governos [conhecidos como governos de esquerda], buscavam-se relações de parceria comercial calcadas na solidariedade e cimentadas no desenvolvimento econômico voltado para a melhoria da qualidade de vida das pessoas africanas.
Olhamos de soslaio e margeamos as obras de Angela Lühning (2002), Alberto da Costa e Silva (1999, 2011), Laurentino Gomes (2019) e

Roquinaldo Ferreira (2008), para verificar os rastros e traços das pessoas brasileiras que retornaram para o continente africano e lá estabeleceram comunidades. Para compreender as relações entre o Brasil e os países africanos, ouvimos Claudio Oliveira Ribeiro (2009) e Mônica Lima e Souza (2008). E, para entender quais rastros e traços das etnias africanas nós deveríamos buscar em nosso país, auscultamos Lélia Gonzales (1984), Helena Theodoro (2005), Marcelo Moraes (2017), Carlos Serrado (2009) e Wanderson Flor do Nascimento (2016); assim como ouvimos Caroline Lee, Juily Manghirmalani e Laís Higa (2019) para estabelecermos pontes de diálogo e estratégias de enfrentamento ao racismo com as descendentes de asiáticas. Habitamos as margens da filosofia com Jacques Derrida (1986, 1987, 1990, 2005); atravessamos o oceano para ouvir Frantz Fanon (1979), Jean-Godefroy Bidima (2002), Mogobe Ramose (2010) e Jean-Bosco Kakosi Kashindi (2017); e retornamos ao Brasil para, nas conversas com Dirce Solis (2009), Rafael Haddock-Lobo (2019) e demais pesquisadoras deste grupo de pesquisa, aprendermos a rasurar as fronteiras entre a Filosofia e a Arquitetura ou entre a Filosofia da Arquitetura e a Arquitetura da Filosofia.

Neste trabalho, olhamos para a África, para alguns dos Estados-nação, e, nestes, para algumas de suas cidades. No horizonte, pretendemos ver as descendentes das brasileiras que retornaram e lá se estabeleceram, entender como as comunidades de regressadas interagiram com as coletividades locais, conforme os interesses gerados pela conjuntura, e verificar se, de fato, as retornantes se integraram às nacionalidades africanas e nestas construíram as possibilidades de preservação da cultura brasileira oitocentista que levaram no retorno.

Nossas raízes africanas

> *A descolonização jamais passa despercebida porque atinge o ser, modifica fundamentalmente o ser, transforma espectadores sobrecarregados de inessencialidade em atores privilegiados, colhidos de modo quase grandioso pela roda viva da história. Introduz no ser um ritmo próprio, transmitido por homens novos, uma nova lin-*

guagem, uma nova humanidade. A descolonização é, em verdade, criação de homens novos. (Frantz Fanon)

Após a emancipação política de Portugal, as pessoas foram convocadas a confessarem os crimes contra a humanidade das etnias amarelas e pretas que haviam sido cometidos durante o longo processo de invasão, conquista e consolidação no território. A decisão entre conceber o nascente Estado-nação como acolhedor, segregacionista ou assimilacionista pauta as discussões nacionais desde o Império. Reconhecer a supremacia e a centralidade das etnias europeias ou empenhar-se na reconciliação inter--étnica e pigmentar continua sendo uma questão existencial.

Europeias de diversas etnias aportaram na América como colonizadoras, neocolonizadoras, refugiadas, asiladas, deportadas ou emigradas. Após o desembarque, tiveram a oportunidade de co-habitarem com as etnias que encontraram ou dizimá-las ou escravizá-las, lograram ainda decidir entre escravizar, segregar ou co-habitar com as etnias vindas da África e da Ásia. Escolher-se como migrante na milenar diáspora humana pelo planeta ou como colonizador dos continentes marca cada individualidade europeísta.

Refugiadas, asiladas ou emigradas da Ásia, as etnias brancas e amarelas enfrentam o dilema de escolher entre a assimilação, o isolamento e a solidariedade inter-étnica. Algumas silenciam sob a promessa de assimilação socioeconômica, outras insistem no isolamento cultural como tática de resistência a assimilação cultural, poucas enfrentam o silenciamento estatal de suas contribuições ao desenvolvimento da nação ou buscam a solidariedade inter-étnica como caminho para soçobrar o racialismo.

A luta contra a assimilação cultural promovida pelas defensoras do eurocentrismo, iniciada quando ocorreu a invasão lusitana, aglutina descendentes das diferentes etnias que confluíram para a formação da nação. Algumas descendentes de judias, sírias, libanesas, japonesas, chinesas, etc., denunciam o racismo estrutural que marca as relações nacionais. O esforço antirracista, entretanto, ecoa fortemente entre as etnias primevo-americanas e as descendentes das etnias africanas e destas coletividades saem os mais combativos arautos da reconciliação etnopigmentar nacionais.

Conhecidas como pessoas negras ou pretas ou mulatas ou pardas, as descendentes das etnias africanas aportadas em terras brasileiras são oriundas de múltiplas etnias que habitavam aquele continente. Embarcadas e catalogadas pelo porto de embarque, eram capturadas tanto nas povoações da costa quanto nas do interior. Talvez, encontremos nos documentos e nos parcos relatos ou nos traços e rastros deixados em nosso país os seus locais e etnias de origem.

Nossas ancestrais que vieram para a América eram de Caiombo, Mpongwe, Loango, Bukameale, Yaka, Tio-Okango, Vungu, Cacongo, Nzari, Ngoyo, Kongo, Soa, Ndembo, Matamba, Ndongo, Quissama, Raku, Shinge, Songo, Malembo, Libolo, Bobangui, Kuba, Lunda, Luba, Mali, Songai, Kanem-Bornu, Tacrur, Mossi, Gurma, Mamprussi, Ketu, Abomé, Fanti, Borgu, Oió, Ekiti, Irê, Ijebu-Ode, Idowa, Egba, Egbado, Ijexa, Igbo, Idah, Nembe, Bonny, Warri, Nupé, Hauçá, Benim, Sokoto, Borno, Bioco, Ualo, Kajor, Baol, Sin, Gabu, Falo, Futa Jallon, Sulimana, Futa Toro, Jalofo, Futa Bundu, Chaso, Karta, Segu, Mossi, Congue, Gyamam, Axante, Buntema, Ngumi, Lozi, Cazembe, Undi, Calonga, Lundu, Merina, etc.

Embarcadas nos portos de São Luis, Portugal, Goreia, Freetown, Bissau, Sherbo, Galinhas, Cabo Mount, Monróvia, Bassa, São Jorge da Mina (Elmina), Castelo de Cape Coast, Anomabo, Acra, Popo, São João da Ajuda (Ajudá), Offra, Jakin, Badagri, Lagos, Egbo, Benin, Novo Calabar, Bonny, Velho Calabar, Loango, Cabinda, Ambriz, Luanda, Benguela, Kilwa, Mombaça, Moçambique, Quelimane, Inhambane, Lourenço Marques e Mahajanga. Em 1726, após constantes reclamações das administrações luso-brasileiras, proibiu-se a organização das escravizadas conforme suas etnias. Assombradas com o aumento dos movimentos de resistência a escravização, pensavam que o solapamento da identificação étnica terminaria com os mocambos e os quilombos. Verificamos, antes e depois de 1830, traços e rastros de solidariedade inter-étnica nas táticas de sobrevivência.

A longa lista das etnias africanas que citamos não remete a um exercício de eloquência. A supracitada lista significa a recusa das generalizações e reduções apressadas que, fundadas na mesmidade olham os povos amarelos e pretos como reduzíveis a alguns gentílicos gerais.

Atravessar o oceano para recuperar os gentílicos é uma tática e estratégia de reconciliação etnopigmentar e de combate ao silenciamento dos traços e rastros das etnias pretas e amarelas. Quiçá, gritemos com Lélia Gonzales que somos amefricanas e rasuremos sua categoria político-cultural para entendermos que as descendentes de europeias neste continente são ameuropeias e as descendentes de asiáticas são amesiáticas. Nesta rota, queremos afirmar que, no contato entre as etnias primevo-americanas, as europeias, as asiáticas e as africanas, houve confluência, justaposição, identificação e acolhida de sotaques, pensamentos, religiosidades, vestuários, danças, esportes, etc. E, se falamos pretoguês, nosso pretoguês foi amarelado tanto pelas pessoas primevo-americanas quanto pelas amesiáticas.

Re-contar a história das retornantes

> *Para outras culturas, o ubuntu pode enfatizar a importância vital de levar o "Nós" a sério. Na prática, isso significaria um "polílogo" [ou polidiálogo] de culturas e tradições que promova a filosofia intercultural para a melhoria da compreensão mútua e a defesa da vida humana.* (Mogobe Bernard Ramose)

Sabemos que a escravização solapou a humanidade de algumas das retornantes. Assimiladas e convencidas da superioridade etnopigmentar das populações europeias, seus planos de retorno objetivavam participar da colonização do continente. A avareza e a crueldade marcam suas ações no continente africano.

Dentre as ações reprováveis, podemos narrar sobre as brasileiras (pretas e brancas) que, alojadas na administração colonial lusitana, empregavam esforços para garantir os interesses escravocratas do Brasil no continente africano. Funcionando como representantes dos interesses coloniais, empregavam mecanismos avarentos e cruéis para garantir a manutenção do tráfico de humanas. Quando do término do tráfico, aliaram-se às administradoras coloniais e tornaram-se representantes dos interesses imperialistas durante a invasão do interior do continente.

Dentre as ações dúbias, podemos citar o pedido de Joaquim Nicolau de Brito (co-assinado por um grupo de aspirantes ao retorno) enviado às autoridades inglesas. No projeto, apresentavam seu objetivo de retornar para civilizar e cristianizar a região de Cabinda. Declaravam-se contrários ao tráfico de humanas, consideravam que o direito de propriedade não se estendia às pessoas, comprometiam-se a não empregar o trabalho de escravizadas, mas consideravam-se culturalmente superiores às cabindas.

Inúmeras outras, entretanto, nem perderam sua humanidade e nem se contaminaram pela crença na superioridade etnopigmentar dos europeus. Após conquistarem a alforria, retornavam para descansarem junto com suas ancestrais. Parece-nos que não assimilaram a ideia de reconstrução de suas vidas na terra dos sortilégios. Quiçá tenham se reintegrado as suas etnias e contribuído na luta anti-escravagista.

Houve ainda as deportadas por participarem das revoltas e insurreições. Sobre essas, as pesquisas vindouras poderão esclarecer qual papel tiveram após o retorno. Talvez a experiência de solidariedade inter-étnica nas lutas contra a escravização nestas terras as tenham empenhado em ações de resistência à escravização nas terras ancestrais.

As glebas de retornantes fixaram-se principalmente nas cidades portuárias de Gana, Benin, Togo e Nigéria. Formados numa cultura justaposta ou assimilada à europeia, levaram consigo os aprendizados que marcam desde o período colonial a presença de nossas ancestrais na diáspora brasileira. As diferenças que as distinguiam das etnias locais contribuíram para que desenvolvessem uma cultura própria, marcadamente brasileira. Vistas como estrangeiras, tanto as retornantes que perderam a humanidade quanto as que buscavam reconectar-se com a ancestralidade desenvolveram suas comunidades à margem das etnias locais. Conservaram os hábitos assimilados das portuguesas no Brasil justapostos aos saberes da confluência das etnias nas senzalas. A distinção que desejavam manter em relação aos povos locais consubstanciou-se na preservação da memória de sua brasilidade, a despeito da africanidade que os cercava.

Internacionalmente conhecidas como comunidades de descendentes de brasileiras, são chamadas de Tagom as retornantes assentadas em Gana, e chamadas de Agudás as assentadas em Togo, Benin e Nigéria.

Relatos orais e escritos também notam, todavia, a existência de descendentes das retornantes brasileiras em Angola, etc. Nessas comunidades, preserva-se a cultura brasileira oitocentista na arquitetura, culinária, música, religiosidade, etc.

As comunidades brasileiras nas cidades africanas

> *Digo, em contrapartida, que fará diferença sempre a desconstrução descer de sua indecidibilidade política e tomar partido a favor do que torna o mundo digno de ser um hábitat humano.* (Dirce Solis)

Estabelecidas nas cidades africanas, as pessoas que retornavam do Brasil transportaram a arquitetura colonial quando construíram suas casas, as igrejas e as mesquitas. Transladaram as Festas de Nosso Senhor do Bonfim e do Bumba meu boi.

Encontramos traços documentais nos livros de batismo, nos registros de casamento, nos registros das crismas e primeiras comunhões, inventários, registros de óbitos e nos epitáfios. Traços arquitetônicos nas casas, igrejas, mesquitas e cemitérios. Traços linguísticos nos cantos das festas religiosas e nos sambas. E traços musicais, quando no emprego dos tambores e pandeiros quadrados.

Os rastros religiosos notam-se na religiosidade cristã e na muçulmana. Como exemplos, pode-se citar a veneração de Nosso Senhor do Bonfim, a festa do Bumba-Meu-Boi e a arquitetura barroca das igrejas e mesquitas.

Organizadas pelas associações formadas pelas descendentes, as festas mantêm cantos em língua portuguesa e os mesmos instrumentos musicais empregados no Brasil (tambores e pandeiros). Chamada de Burrinha, podemos dizer que é o Bumba-Meu-Boi oitocentista. Ocorre na Epifania ou em 13 de julho, para rememorar o Natal do menino Jesus na manjedoura ladeado por um boi e um burro. Destacam-se o "boi" e o "cavalo-marinho" que é chamado de "Burrinha" e que nomeia o acontecimento, e preservou-se apenas a dança do Boi e as evoluções do cavalo-marinho. Não se verificam os elementos teatrais como a morte e a ressurreição do boi, as descendentes levaram apenas o desfile dos animais. Destacam-se as casas com andares, isto é, os sobrados, com janelas demarcadas de bordas em estuque branco, faixas coloridas e acrescidas de balcões de ferro forjado. Dentre as igrejas, sobressai-se a catedral católica de Lagos. As mesquitas em estilo barroco, com seus frontões e seus minaretes em forma de campanários, como se observa na Mesquita de Lagos, também são dignas de nota. E em muitas cidades encontramos bairros residenciais com inúmeros sobrados que resistem à modernização das construções.

Após o fim do tráfico negreiro, as comunidades de retornantes integraram-se política e socialmente às cidades que se estabeleciam. Aproximaram suas aspirações políticas das concebidas pelas etnias locais. E contribuíram para o desenvolvimento socioeconômico, com as competências técnicas e comerciais aprendidas no Brasil.

As que ingressaram nas igrejas cristãs locais contribuíram com missionários na catequização das etnias africanas, as que professavam o islamismo ajudaram na divulgação da fé, e muitas se articularam com as sociedades locais de culto aos Orisas ou Voduns.

A busca pela integração significou a adoção das línguas inglesa ou francesa impostas durante a colonização. Ou, entre as que se estabeleceram em terras iorubanas, a adoção de nomes na língua local e a conversão às igrejas africanas de confissão protestante. A integração e a preservação da brasilidade apresentam características diferentes em cada uma das cidades.

Talvez, quando olharmos para as comunidades brasileiras em Ouidah, Porto Novo, Lagos, Lomé, Kita, Acra, Abeokuta, Ijebu Ode, Ife, Ilesha, Ibadan e etc., veremos os traços da brasilidade que resistem à assimilação ou integração destas comunidades à sociedade local. Os nomes e sobrenomes portugueses, as músicas em português nas festas, o samba, etc., são exemplos. Pensemos, a partir disso, ações de reconciliação tanto com as comunidades brasileiras quanto com as etnias africanas, apelando para novas relações diplomáticas fundadas na solidariedade, cooperação e reconhecimento da humanidade de todas as singularidades.

Recontar a história e recuperar o Ubuntu

> *É através dos movimentos diaspóricos que podemos perceber a potência e o por vir do ubuntu. O ubuntu possui uma elasticidade, um por vir que se repete no movimento diaspórico, por mais violento que ele tenha sido. Em outras palavras, toda a violência psíquica, corporal, memorial entre outras, não conseguiu destruir os devires de um caráter ubuntu no homem africano da diáspora. Nesse sentido, o escravizado, o descendente nunca perdeu seu contato com as forças da terra, da África.* (Marcelo Moraes)

Sabemos que a escravização solapou o muntu de algumas das retornantes. Assimiladas e convencidas da superioridade etnopigmentar das populações europeias, seus planos de retorno objetivavam participar da colonização do continente. Sobre suas vidas poderíamos afirmar *bwana yule si mtu hata* (esse senhor não é uma pessoa, de maneira nenhuma). A avareza e a crueldade que marcaram suas ações nos levam a evitá-los e a pedir perdão aos africanos.

Temos como hipótese que muitas das retornantes estavam imbuídas por máximas que expressam ubuntu e buscavam retornar para lutarem pela interrupção do tráfico atlântico ou contra a colonização europeia do continente. Marcadas pela desumanidade das relações na diáspora, talvez, buscavam repensar o conceito de humanidade em África como um apelo por relações ontológicas fundadas na certeza de que "a pessoa é uma pessoa através de outras pessoas". Retornavam com a certeza da importância de recuperar o Ubuntu.

Ubuntu, poderíamos quase explicar, quase dizer, quase enegrecer, quase traduzir como: a humanidade de cada pessoa acontece quando recebe o legado de seus ancestrais e se responsabiliza pela manutenção das memórias dos que já morreram, pela harmonia com os que vivem e se responsabilizam diante dos que nascerão ao se comprometerem em transmitir a herança recebida, o Ntu (a parte essencial de tudo que existe e que está sendo e se transformando), isto é, somos muntu porque recebemos o ntu de nossos ancestrais, somos muntu quando reconhecemos o ntu dos demais muntu e quando nos comprometemos em legar o ntu aos muntu que nascerão.

Sabemos que há variantes de provérbios que expressam o Ubuntu entre os falantes de quicongo, ambundo, ovimbundo, baluba e lunda. Queremos pensar que no planejamento da construção de mocambos e quilombos o ubuntu aparecia como uma categoria motivadora das confluências inter-étnicas entre as falantes de quicongo, ambundo, ovimbundo, baluba, lunda, yorubá, fon, ewe, etc.

O que esperar?

> *Em terceiro lugar, a desconstrução do binômio interior/exterior supõe uma situação de segurança nacional em que o fiador é dado pelo próprio sistema e por sua situação de hegemonia política e econômica. Seria interessante se pensar, talvez um outro projeto equivalente, por exemplo na favela da Maré ou em frente ao Piscinão de Ramos no Rio de Janeiro.* (Dirce Solis)

Esperamos que as destinatárias deste artigo comprometam-se a contra-assinar suas pesquisas em Filosofia, em Filosofia da Arquitetura e em Arquitetura com o apelo derridiano pela escuta do provérbio zulu "umumtu ngmuntu ngabantu ". Apelo feito tanto no Seminário sobre "O perdão e o perjúrio", na École des Hautes Études en Sciences Sociales, quanto no "Colóquio Internacional Jacques Derrida 2004: pensar a desconstrução – questões de política, ética e estética", no Consulado Geral da França, quando proferiu a conferência "O perdão, a verdade, a reconciliação: qual gênero?". Lembramos que Derrida, quando recebeu o convite para vir ao Rio de Janeiro, manifestou interesse em falar sobre "os negros e o perdão" a partir da experiência na África do Sul com o intuito de contribuir para o debate sobre as negras na América Latina, especialmente no Brasil.
Lembramos que, desde a Conferência em Cotonu, em 1978, quando Derrida (1990) se apresentou como um africano desenraizado, o filósofo recusou qualquer possibilidade de usurpação do lugar de fala da negra africana. Entedia que suas contribuições à reflexão feita pelas intelectuais africanas se restringia as suas experiências na crítica e

análise dos paradigmas racistas que marcavam as diferentes sociedades humanas, especialmente a francesa. Falava, portanto, do lugar judeu marrano que sofrera com o racialismo em Argélia e na França e que se comprometia cotidianamente com o soçobrar do racialismo e dos efeitos do racismo.

Talvez, por não usurpar o lugar de fala das negras, tenha o filósofo se preservado de discorrer sobre o conceito de Ubuntu. E deixado as suas ouvintes a tarefa de ouvir as africanas que pesquisam o tema, conforme seu apelo a que seus leitores lessem os autores que ele lia. Entendemos o gesto do magrebino como abertura à produção filosófica de nosso continente ancestral e como um apelo a irmos além de sua leitura e ubuntizarmos a desconstrução, indo além do que foi e ampliando as pesquisas para além de Tutu e Mandela.

Jacques Derrida afirma (na entrevista concedida a Catherine Paoletti) que os encontros com as intelectualidades europeias, asiáticas e africanas afetam e enriquecem sua obra de solidariedade. Os relatos das conjunturas nacionais ofertam-lhe os argumentos que cimentam seu apelo pela confissão mundial dos crimes contra a humanidade, crimes cometidos na totalidade dos Estados-nação com maior ou menor intensidade e extensão, fato que conclama um movimento internacional de confissão. A cooperação intelectual das intelectualidades valida o apelo pela profissão do perdão e pela reconciliação entre as singularidades humanas.

Quando lemos Derrida, nos lembramos da assertiva de Jean-Godefroy Bidima (2002) quando assevera que as pessoas africanas deveriam ler solidariamente as escritoras judaicas em suas reflexões filosóficas. Entendemos o alerta de Bidima como um apelo a pluriversalidade na filosofia africana. E procuramos refletir numa travessia que depute a pluriversalidade na filosofia brasileira.

Recordamos que Frantz Fanon asseverava que a distinção entre África branca e negra e o incentivo ao desenvolvimento separado das etnias pretas e brancas do continente africano servem unicamente aos interesses das colonizadoras. Amefricano de nascimento e herói nacional argelino, o pensador instrui caminhos possíveis às pessoas que constroem laços de reconciliação entre as etnias nos diferentes locais do globo. A verdadeira revolução que apregoa chega com a descolonização e desconstrução das pessoas, com a chegada da consciência de que as diferenças não precisam ser exorcizadas, antes, que, se reconhecidas e valorizadas, as diferenças operam como deputadoras da hospitalidade por-vir.

Talvez, Bitima e Derrida tenham se atentado que, desde a formação dos Estados-nação, tanto negros quanto judeus experimentam ao mesmo tempo a cidadania prometida e recusada. Convivem fora de suas comunidades ora com a hostilidade ora com a hospitalidade daqueles que lhes consideram estrangeiros. E dentro de suas comunidades sofrem com a escolha entre resistir ou assimilar o modo de vida daqueles que os segregam ao mesmo tempo em que lhes acusam de se recusarem à integração-assimilação.

Quiçá, tanto Derrida quanto Bitima deputem que a investigação e leitura de pessoas de diferentes etnias gerem na pesquisadora e nas destinatárias de seus envios a identificação nos problemas e na premência da solidariedade que cimenta a reflexão. Identificar-se com a humanidade das outras etnias e solidarizar-se com a luta dos que ainda sofrem é um apelo presente em todas as reflexões que clamam à hospitalidade in-condicional. Hospitalidade in-condicional, talvez, é outro nome para o Ubuntu.

Considerações quase-finais

> *Talvez, eu devesse terminar por aqui, sem tentar dar um sentido a essa escrita que é louca por pretender fazer justiça justamente ao louco movimento da escrita, sobretudo da escrita no momento do adeus. De fato, não pretendo de modo algum concluir – pois concluir nada mais seria que pretender ter agarrado as inalcançáveis borboletas, dando fim não apenas ao vôo, o que nos faz segui-las, mas também ao próprio jogo que, seguindo-as, dá sentido a nossas vidas.* (Rafael Haddock-Lobo)

Descolonizar e desconstruir a Filosofia ou a Arquitetura ou a Filosofia da Arquitetura ou a Arquitetura da Filosofia não é uma ação negativa

ou um gesto destruidor do legado da europeia colonizadora. Significa lembrar às pessoas europeístas que aquele cabo é apenas uma ponta lançada ao mar pelo continente asiático e que suas etnias são migrantes que saíram da África, onde aprenderam a andar de pé e a falar e a cozinhar e a cozer roupas e a construir habitações e etc. Rememorar que hospedar ou hostilizar e que co-habitar ou colonizar são decisões ontológicas, éticas e políticas que determinam nossa humanidade ou a perda desta.
A Filosofia e a Arquitetura, a Filosofia da Arquitetura e a Arquitetura da Filosofia que herdamos da Europa foi trazida como agenciadoras da colonização, como construtoras dos caminhos e das habitações dos colonizadores. Mas não podemos esquecer que não existem caminhos e habitações sem as encruzilhadas, e que toda encruzilhada possibilita a chegada, a saída, o encontro, a despedida, o retorno, etc. As encruzilhadas clamam pela chegante imprevista e desconhecida que, hospedada, nos torna refém da hospitalidade in-condicional, sobre a qual re-afirmamos que é outro nome para o Ubuntu.
Pensar a im-possibilidade de acontecimentos na Filosofia, na Arquitetura, na Filosofia da Arquitetura e na Arquitetura da Filosofia que considerem as mortas, as que vivem e as que nascerão; habitações que acolham fantasmas, eguns, orisas, voduns, nkisses, etc. Sabendo que elas sempre escapam e não se confundem com a representação material e, ao mesmo tempo, habitam a representação material; moram nos terreiros, matas, encruzilhadas, etc., rompem a relação espaço-tempo, pois, ao mesmo tempo, estão na cabeça de seus filhos e nos ibas e nos altares e na Natureza.

REFERÊNCIAS

BITIMA, Jean-Godefroy Bidima. De la traversée: raconter des expériences, partager le sens. In: *Rue Descartes*. Número 2, 2002.

DERRIDA, Jacques. Points de folie – maintenant l' architecture. In: *A A Files*. Londres: Architectural Association, número 12, 1986.

DERRIDA, Jacques. Cinquante-deux aphorismes pour aun avant: – propos. In: *Psyché*. Paris: Galilée, 1987.

DERRIDA, Jacques. La crise de l' enseignement philosopique. In: *Du droit à la philosophie*. Paris: Galilée, 1990.

DERRIDA, Jacques. O perdão, a verdade, a reconciliação: qual gênero? In: NASCIMENTO, Evandro (Org.). *Jacques Derrida:* pensar a desconstrução. São Paulo: Estação Liberdade, p. 45-92, 2005.

DERRIDA, Jacques. El otro nombre del Collège. In: *Revista Latinoamericana do Colégio Internacional de Filosofia*. Trad. Christina de Peretti. Número 1, novembro de 2016, p. 153-173.

FANON, Frantz. *Os condenados da terra*. Tradução de José Laurênio de Melo. Rio de Janeiro: Civilização brasileira, 1979.

FERREIRA, Roquinaldo. Terra de oportunidades. In: *Revista de História da Biblioteca Nacional*. Rio de Janeiro: SABIN, Ano 4, número 39, dezembro, 2008.

FLOR do NASCIMENTO, Wanderson. Aproximações brasileiras às filosofias africanas: caminhos desde uma ontologia ubuntu. In: *Prometeus*. Ano 9, número 21, edição especial, dezembro, 2016.

GOMES, Laurentino. *Escravidão*: do primeiro leilão de cativos em Portugal até a morte de Zumbi dos Palmares, volume 1. Rio de Janeiro: Globo Livros, 2019.

GONZALEZ, Lélia. Racismo e sexismo na cultura brasileira. In: *Revista Ciências Sociais Hoje*. Anpocs, 1984.

HADDOCK-LOBO, Rafael. *Experiências abissais, ou, sobre as condições de impossibilidade do real*. Rio de Janeiro: Via Veritas, 2019.

KASHINDI, Jean-Bosco Kakosi. Ubuntu como ética africana, humanista e inclusiva. In: *Cadernos IHU ideias*. Tradução de Henrique Denis Lucas. São Leopoldo: Universidade do Vale do Rio dos Sinos, Ano 15, número 254, Volume 15, 2017.

LEE, Caroline Ricca, MANGHIRMALANI, Juily e HIGA, Laís Miwa. Narrativas asiáticas brasileiras: identidade, raça e gênero. In: LIMA, Emanuel Fonseca [et al.] (Org.). *Ensaios sobre racismos*. São José do Rio Preto: Balão Editorial, 2019, p. 126-134.

LÜHNING, Angela (Org.). *Verger-Bastide:* dimensões de uma amizade. Trad. de Rejane Janowitzer. Rio de Janeiro: Bertrand Brasil, 2002.

MORAES, Marcelo José Derzi. Desobediência epistemológica: Ubuntu e Teko porã: outros possíveis a partir da desconstrução: In: CORREA, Adriano [et al.] *Filosofia francesa contemporânea*. São Paulo: Anpof, p. 70-81, 2017.

RAMOSE, Mogobe B. A importância vital do "Nós". In: *Revista do Instituto Humanitas Unisinos*. Tradução de Luís Marcos Sander. São Leopoldo: Universidade do Vale do Rio dos Sinos, N. 6, dezembro, 2010.

RIBEIRO, Claudio Oliveira. Imprensa e política africana no Brasil: uma análise dos governos Jânio Quadros e João Goulart. In: *África*: Revista do Centro de Estudos Africanos. São Paulo: USP, número 24-26, 2009, p. 9-74.

SERRANO, Carlos. A dimensão ritual na solução de conflitos na justiça tradicional de sociedades africanas. In: *África*: Revista do Centro de Estudos Africanos. São Paulo: USP, número 24-26, 2009, p. 163-173.

SILVA, Alberto da Costa. Os primeiros anos de Francisco Félix de Souza na Costa dos Escravos. In: *África*: Revista do Centro de Estudos Africanos. São Paulo: USP, número 22-23, 1999, p. 9-23.

SILVA, Alberto da Costa. *Um Rio chamado Atlântico:* a África no Brasil e o Brasil na África. Rio de Janeiro: Nova Fronteira, 2011.

SOLIS, Dirce Eleonora Nigro Solis. *Desconstrução e Arquitetura*: uma abordagem a partir de Jacques Derrida. Rio de Janeiro: UAPÊ, SEAF, 2009.

SOUZA, Mônica Lima e. África, o retorno. In: *Revista de História da Biblioteca Nacional*. Rio de Janeiro: SABIN, Ano 4, Número 39, dezembro, 2008.

THEODORO, Helena. Buscando caminhos nas tradições. In: MUNANGA, Kabengele. *Superando o racismo na escola*. Brasília: MEC, Secad, 2005, p. 83-99

Jacques Derrida e Walter Benjamin: Aproximações

Denis Borges Diniz e Simone Borges Camargo de Oliveira

I

É conhecido o entendimento de Derrida acerca da posição central que a oralidade adquiriu e desempenhou na relação entre linguagem e pensamento ao longo da trajetória da filosofia, de Platão e Aristóteles até a contemporaneidade. Ele encontra em Aristóteles um dos "pais fundadores" dessa tradição. Está lá no *Órganon*: "As palavras faladas são símbolos das afecções da alma, e as palavras escritas são símbolos das palavras faladas" (ARISTÓTELES, 1985, p. 121). Desse modo, a oralidade estaria numa posição mais privilegiada do que a escrita em relação ao ato fundador do conhecimento que reside, nos diz Aristóteles, naquelas afecções. O privilégio dessa posição que se estende durante o vigorar da metafísica é assinalado pelo conhecido termo, "fonologocentrismo".

Derrida, leitor de Aristóteles, também discute em detalhes[1] como o filósofo grego apresenta sua teoria da metáfora cujos traços, alguns deles, nos interessam aqui em função de aproximar-se do modo como Benjamin compreende alguns dos elementos componentes dessa teoria, sobretudo a *mimesis*, a permitir com isso lançar uma luz sobre o sentido do fenômeno arquitetônico na atual configuração da técnica. Passemos então aos traços que a análise de Derrida nos apresenta.

Em primeiro lugar, ao apresentar a teoria da metáfora em Aristóteles, Derrida faz notar que o ato da linguagem e seu funcionamento permanecem irredutíveis à sua função meramente referencial sustentada pela convenção, a sugerir que a linguagem possui um modo de ser independente, que não se explica apenas pela sua virtude de ligar o nome à coisa. Em segundo lugar, Derrida aponta a relação entre *mímesis* e pensamento em Aristóteles. Antes, porém, de chegarmos a ela, uma observação: a ideia de *mimesis, sobretudo a de faculdade mimética* como imitação não é a de reprodução ou cópia, habilidade de reproduzir ou copiar os traços de um objeto ou ação, trata-se mais de um acolhimento ou re-conhecimento de semelhanças e a figuração dessa similitude em alguma obra. Desse modo, não é o objeto mimetizado que determina

---

[1] DERRIDA, Jacques. A mitologia branca: a metáfora no texto filosófico. In: DERRIDA, Jacques. *Margens da filosofia*. Tradução de: COSTA, Joaquim Torres; MAGALHÃES, António M. Campinas, São Paulo: Papirus, 1991. p. 249-317.

o ato mimético, mas concorre para isso a virtude ou força mimética ou, ainda, a faculdade mimética do sujeito. Passemos agora às palavras de Derrida:

> A *mimesis* não existe sem a percepção *teórica* da semelhança ou da similitude, isto é, do que será sempre postulado como a condição da metáfora. [...] A *mimesis* assim determinada pertence ao *logos*, não é a momice animal, a mímica gestual; está ligada à possibilidade do sentido e da verdade no discurso. [...] A *mímesis* é o próprio homem. Apenas o homem imita propriamente. Só ele sente prazer em imitar, só ele aprende a imitar, só ele aprende por imitação. O poder de verdade, como desvelar da natureza *(physis)* pela *mimesis*, pertence congenitamente à psique do homem, ao antropopsíquico.
> (DERRIDA, 1991, p. 277)

Duas observações merecem destaque nessa citação: a vinculação natural, congênita, entre *mímesis* e conhecimento e a ideia de que a percepção *teórica* da semelhança é condição de existência da *mímesis*. O que podemos reter dessas questões? Primeiro, que a relação direta entre *logos* e *mimesis* traz implicada a ideia de que o funcionamento da linguagem – em especial, o caso do nome que pode ser transportado de uma coisa para outra – não se define pela vinculação estrita à sua função referencial, ou seja, representar o mundo exterior dos objetos. Segundo, que *mímesis* designa mais uma faculdade vinculada à percepção *teórica* da semelhança, isto é, ligada ao conhecimento propriamente dito – à nossa psique – do que a uma propriedade ou qualidade dos objetos. Se a metáfora é pensada a partir do funcionamento autônomo da linguagem, é importante relevar, porém, que é a percepção teórica que condiciona a faculdade mimética. Na voz grega antiga, o vocábulo *"theoría"* nos fala inicialmente da "ação de ver"; posteriormente, já transposta para o léxico filosófico, torna-se "ver com os olhos do espírito"; "examinar" como condição prévia para conhecer, mas também "pensar", "demonstrar", "refletir", etc. O termo "ver", ele mesmo uma metáfora para "conhecer", imprime um léxico cuja acepção nos remete a uma terminologia relativa à ótica: reflexão, especulação, perspectiva, ponto de vista, etc. Esse dado originário coloca a faculdade mimética sob o primado do olhar teórico e de seu correlato, a *forma*. Nesta linha, a ideia de *conceito*, na acepção de retenção do núcleo inteligível do real, significa que o intelecto possui a faculdade de captar o real sob a *forma* do conceito. É sob o primado da *forma* que tanto a imagem como a faculdade da imaginação, a mímesis e a metáfora e o intelecto – cuja finalidade mais acabada é a conceptualização –, são pensadas por Aristóteles. Desde então, torna-se canônico para o pensamento ocidental colocar-se sob o primado da *forma*.² Vejamos, em seguida, como Benjamin compreende a *mímesis*.

II

Em vários de seus escritos, Benjamin trata da capacidade de captar a semelhança, a *mímesis*, e uma leitura atenta desse conceito deve mobilizar esses textos e seus usos, se quisermos uma compreensão mais completa. A citação a seguir, de um fragmento de "Infância em Berlim, por volta de 1900", bem como o ensaio de 1933, "A doutrina das semelhanças", são exemplos disso. Entretanto, no ensaio de 1933 confluem, sem dúvida, as nuances mais significativas para o nosso tema.

Os mal-entendidos modificavam o mundo para mim. De modo bom, porém. Mostravam-me o caminho que conduzia ao seu âmago. Qualquer pretexto lhes convinha. [...] Assim quis o acaso que, certo dia, se falasse em minha presença a respeito de gravuras de cobre. No dia seguinte, colocando-me sob uma cadeira, estiquei para fora a cabeça – a isto chamei de "gravura de cobre".³ Mesmo tendo desse modo deturpado a mim e às palavras, não fiz senão o que devia para tomar pés na vida. A tempo aprendi a me mascarar nas palavras, que, de fato, eram como nuvens. O dom de reconhecer seme-

---

2 (HEIDEGGER. Martin, p. 335-359, 2005.)

3 A tradução brasileira chama a atenção para o "trocadilho entre *Kupferstich* (gravura de cobre) e *Kopfverstich* (ação de esticar a cabeça)". (BENJAMIN, 1987. p. 71-142.).

lhanças não é mais que um fraco resquício da velha coação de ser e se comportar semelhantemente. Exercia-se em mim por meio de palavras. Não aquelas que me faziam semelhante a modelos de civilidade, mas sim às casas, aos móveis, às roupas. (BENJAMIN, 1987, p. 98)

Salta aos olhos a presença do comportamento mimético e a ideia desse envolvimento corpóreo, lúdico, típico da criança, com as palavras e seus significados, assim como a possibilidade de ser por ele conduzido ao âmago do mundo, ao seu conhecimento. O surpreendente nessa condução é que o caminho é um *mal-entendido*; implicou o desvio do entendimento para que o entendimento mesmo fosse alcançado. Sobre o fundo da literalidade emergem as imagens com as quais a criança brinca, mimetiza e aprende. Vemos também que o comportamento mimético aí exemplificado não se reduz a uma reprodução, a uma cópia.

No ensaio de 1933, Benjamin explicita a homologia estrutural que há entre o desenvolvimento filogenético e a ontogênese da *mímesis*. Assim, diz Benjamin, se o comportamento da criança revela aquela faculdade mimética característica do humano, por outro lado, retraçar a gênese do comportamento mimético revela a utilidade desse comportamento. É o que faz Benjamin. Suas conclusões podem ser assim resumidas:

1. A faculdade mimética e seu desenvolvimento no homem não se limitou a captar semelhanças sensíveis, mas, sobretudo, extrassensíveis, ou seja, da semelhança que não é restrita à cópia de traços sensíveis dos objetos. O exemplo da astrologia, nesse sentido, é eloquente;

2. A linguagem escrita é para onde a faculdade mimética seguiu seu desenvolvimento e é o exemplo mais adequado para esclarecer o conceito de semelhança extrassensível, é onde encontra seu cânone mais completo: a ligação entre a palavra escrita e a falada é estabelecida pela relação de semelhança extrassensível. Evidentemente, não se reconhece entre os dois registros qualquer semelhança sensível;

3. O liame entre os dois registros ocorre por uma mediação simbólica que pode ser exemplificada quando identificamos na

inscrição do traço, da letra, da palavra no papel as imagens (que Benjamin denomina de quebra-cabeças para designar o conteúdo do inconsciente) que nosso inconsciente deposita nelas e essa mediação ocorre em camadas profundas da psique;
4. Na origem da escrita, essa faculdade estaria presente de forma decisiva na atividade de escritura. É daí que Benjamin conclui que a "escrita transformou-se assim, ao lado da linguagem oral, num arquivo de semelhanças, de correspondências extra-sensíveis" (BENJAMIN, 1994, p. 111).
Benjamin acentua ainda a correlação, na linguagem, entre a dimensão mimética e uma outra que não se identifica com ela que é a dimensão do significado, do sentido e de sua comunicação. "O texto literal da escrita é o único e exclusivo fundamento sobre o qual pode formar-se o quebra-cabeça. O contexto significativo contido nos sons da frase é o fundo do qual emerge o semelhante, num instante, com a velocidade do relâmpago." (BENJAMIN, 1994, p. 112)
Isso traz algumas implicações. Essa não identidade faz com que a fala ou mesmo a escrita não sejam antecedidas, necessariamente, pelo sentido. Desse modo, a linguagem escrita ou falada em seu caráter mimético ganha autonomia em relação a sua função referencial; a produção de sentido emerge de algo que lhe é estranho, outro, o que pode esclarecer a ideia de que o sentido não tem proveniência, mas sobrevém.[4]
Podemos agora reunir as ideias mais importantes dessa discussão para pensarmos com Benjamin a convergência entre sua filosofia da linguagem, aqui exposta brevemente, e suas observações sobre a arquitetura. Assim como a palavra está inscrita no papel, o edifício está inscrito

---

4 É curioso como a leitura foucaultiana do conhecimento em Nietzsche acentua exatamente esse caráter: "A primeira desenvoltura de Nietzsche foi dizer: nem o homem nem as coisas nem o mundo são feitos para o conhecimento; o conhecimento sobrevém – precedido por nenhuma cumplicidade, garantido por nenhum poder. **Sobrevém, emergindo do totalmente diferente** (grifo nosso). A segunda desenvoltura foi dizer: o conhecimento não é feito para a verdade. A verdade sobrevém, precedida pelo não-verdadeiro, ou melhor, precedida por algo que não podemos dizer nem que é verdadeiro nem que é não verdadeiro, visto que é anterior à divisão própria do verdadeiro. A verdade emerge do que é alheio à divisão do verdadeiro." (FOUCAULT, 2014, p. 188.).

no espaço. Ambos, não há dúvida, compartilham aquela dimensão do significado, do sentido e de sua comunicação por onde se eleva a faculdade mimética. Neste ponto, se insinua novamente a aproximação com Derrida: o comum nessas inscrições, e em outras, por serem *signos*, é a mimesis. No tópico dedicado ao estudo de "Ensaio sobre a origem das línguas", de Rousseau, Derrida compartilha com o autor o reconhecimento de que a essência da arte é a *mimesis*, e mais abaixo mostra o motivo: o significante imita o significado e a arte é tecida de signos. Eis o trecho:

> Eis por que, deslocando-se através do sistema da suplementariedade com uma infalibilidade cega, e uma segurança de sonâmbulo, Rousseau deve ao mesmo tempo denunciar a *mimesis* e a arte como suplemento (suplementos que são perigosos quando não são inúteis, supérfluos quando não são nefastos, na verdade, uma e outra coisa ao mesmo tempo) e neles reconhecer a oportunidade do homem, a expressão da paixão, a saída para fora do inanimado. E o estatuto do *signo* que assim se encontra marcado pela mesma ambiguidade. O significante imita o significado. Ora, a arte é tecida de signos. (DERRIDA, 1973. p. 248)

Se, como vimos, para Aristóteles, assim como para Benjamin – e também Derrida –, a *mimesis* está integrada ao processo do conhecimento, entretanto, Benjamin vê aqui muito mais atuante não o componente formal, mas o aspecto material, corpóreo e tátil a conduzir a formação do sentido.

III

Quando Benjamin se aproxima do fenômeno arquitetônico, o faz no contexto de uma discussão sobre a obra de arte do século XX[5] em

---

5 Conferir: BENJAMIN, Walter. A obra de arte na era de sua reprodutibilidade técnica. In: *Obras escolhidas*: magia e técnica, arte e política - ensaios sobre literatura e história da cultura. Tradução de: ROUANET, Sérgio Paulo. 7. ed. São Paulo: Brasiliense, 1994.

que discute como a fotografia e o cinema reorganizam não somente a totalidade das obras de arte, mas também implicam a reorganização de nossa faculdade perceptiva. Para os nossos propósitos aqui, não nos interessa essa fecunda e original discussão de Benjamin, senão nesse ponto específico de aproximação com a arquitetura. A tese mais geral que nos serve de guia é a seguinte:

> No interior de grandes períodos históricos, a forma de percepção das coletividades humanas se transforma ao mesmo tempo que seu modo de existência. O modo pelo qual se organiza a percepção humana, o meio que ela se dá, não é apenas condicionado naturalmente, mas também historicamente. (BENJAMIN, 1985, p. 169)

Há outra, mais diretamente relacionada à arquitetura e que enuncia o que está em jogo, no plano da percepção, para as tendências artísticas de nosso tempo:

> Desde o início, a arquitetura foi o protótipo de uma obra de arte cuja recepção se dá coletivamente segundo o critério da dispersão. As leis de sua recepção são extremamente instrutivas.
>
> Os edifícios acompanham a humanidade desde sua pré-história. Muitas obras de arte nasceram e passaram. [...] Mas a necessidade humana de morar é permanente.
>
> Os edifícios comportam uma dupla forma de recepção: pelo uso e pela percepção. Em outras palavras: por meios táteis e óticos. Não podemos compreender a especificidade dessa recepção se a imaginarmos segundo o modelo do recolhimento, atitude tão habitual do viajante diante dos edifícios célebres. Pois não existe nada na recepção tátil que corresponda ao que a contemplação representa na recepção ótica. A recepção tátil se efetua menos pela atenção que pelo hábito. No que diz respeito à arquitetura, o hábito determina em grande medida

a própria recepção ótica. Também ela, de início, se realiza mais sob a forma de uma observação casual que de uma atenção concentrada. Essa recepção, concebida segundo o modelo da arquitetura, tem em certas circunstâncias um valor canônico. Pois as tarefas impostas ao aparelho perceptivo do homem, em momentos históricos decisivos, são insolúveis na perspectiva puramente ótica: pela contemplação. Elas se tornam realizáveis gradualmente, pela recepção tátil, através do hábito. (BENJAMIN, 1994, p. 193)

Esse trecho, de uma densidade e agudez surpreendente, coloca o edifício arquitetônico nas linhas de força que estão a estruturar nosso aparelho perceptivo. Se levarmos em consideração o que há de decisivo no momento histórico atual – a emancipação do homem diante da técnica – acompanhando a leitura de nosso filósofo veremos por que as tarefas impostas à percepção não se resolvem na perspectiva puramente ótica através da contemplação. De fato, a atitude contemplativa exige ao menos duas condições: o tempo que dura e a atenção concentrada, dois condicionantes requeridos pela recepção ótica e para a ação da consciência na produção de sentido. Porém, quando a produção de sentido passa a ser conduzida através do elemento tátil, portanto pelo uso, pelo hábito e pela distração, os sentidos/significados que podem ser produzidos sob essa configuração resultam da atuação das camadas mais profundas da psique, pois desviam a ação da consciência. Como vimos, o sentido não provém, ele sobrevém. A arquitetura, diz Benjamin, é onde a dominante tátil encontra seu lugar mais original. Daí que a relação com o edifício é tal que a faculdade mimética encontra nesse envolvimento o terreno fértil para sua expressão.

Uma vez relevada a singularidade do edifício, como resolver a captura do edifício pelos dispositivos técnicos que o integram em seus funcionamentos seguindo a estrita lógica das relações de produção e consumo? Benjamin (1994), logo após dizer que a arquitetura é onde a dominante tátil está em seu elemento, ele afirma: "[...] nada revela mais claramente as violentas tensões do nosso tempo que o fato de que essa dominante tátil prevalece no próprio domínio da ótica."(BENJAMIN, 1994, p. 194). Precisamos entender o que ele diz.

As tensões violentas de nosso tempo têm no crescente predomínio da técnica em praticamente todos os domínios da vida humana sua origem mais evidente, pois que resulta num empobrecimento da experiência social sem precedentes.

Essa questão já foi objeto de análises exaustivas por várias gerações de intelectuais. O homem moderno, no olhar de Benjamin, experimenta um processo de fragmentação de sua existência que o atinge em todas as dimensões de seu sentir, agir e pensar. A reorganização do nosso aparelho perceptivo exigida pelo desenvolvimento da técnica o orienta cada vez mais intensamente para apreender o mundo e responder a ele de modo imediato, rápido e instantâneo. O fenômeno arquitetônico não escapa a essa tendência destrutiva da técnica e do tecnicismo. Ora, uma ação política eficaz deve aprender de seu tempo as condições para essa ação. Deve retirar do tempo o outro do tempo, sua superação.

O olhar benjaminiano enxerga o esforço da imensa aparelhagem técnica de nosso tempo como captura dos corpos e das mentes para a satisfação das relações de produção e consumo. Vemos que a arquitetura, fenômeno complexo, também é atravessada por esse procedimento. Compartilhamos a convicção de que os edifícios monumentais, espetaculares, prestam-se à gentrificação[6] e à apropriação dos territórios

---

[6] A gentrificação é um fenômeno urbano que acontece no século XX, principalmente a partir década e 1960. "[...] a gentrificação é uma resposta específica da máquina urbana de crescimento a uma conjuntura histórica marcada pela desindustrialização e conseqüente desinvestimento de áreas urbanas significativas, a terceirização crescente das cidades, a precarização da força de trabalho remanescente e sobretudo a presença desestabilizadora de uma *underclass* fora do mercado. E nessa transição dramática também se põe em funcionamento, com a mesma eficiência, a máquina de fabricar consensos." (ARANTES, 2000, p. 31-32) A filósofa Otília Arantes, nos aponta, ainda, a "cidade como máquina de fazer negócios" e a cultura como "o principal negócio das cidades em vias de gentrificação [...], um dos mais poderosos meios de controle urbano no atual momento de reestruturação da dominação mundial." (2000, p. 33). Considera três principais "estratégias culturais de redesenvolvimento urbano" – "gentrificação estratégica" na construção da "cidade-imagem" como produto-mercadoria; nos interessa a primeira delas a "manipulação de linguagens

urbanos, retirando dos cidadãos seu direito a cidade. Por sua vez, o olhar político de Benjamin compreendeu os condicionamentos que nosso sistema perceptivo sofre dessa imensa aparelhagem. Por ser político, no entanto, esse olhar enxerga sobretudo a complexidade das linhas de força que estão a atuar nesse domínio. A contraface dialética à alienação é, desde Marx, a emancipação. Trata-se para o olhar político de ser capaz de uma aproximação cuidadosa ao momento e aos acontecimentos atuais sem com isso recair numa adesão a-crítica que se contenta em repetir o factual. Por isso, Benjamin busca, à semelhança dos surrealistas, retirar as energias revolucionárias naquilo mesmo em que se enraíza nossa alienação: a técnica. E esse olhar político é justamente aquele que é orientado pela experiência tátil, material com o mundo, pois é esta experiência que hoje é predominante em nossa lida com aqueles dispositivos. Curiosamente, a faculdade mimética é a mestra em retirar do mesmo, do literal, o seu outro. Um olhar que se instrui por essa dominante requer uma faculdade apta a isso: a faculdade mimética.

A recepção tátil efetivada pelo uso, pelo hábito na relação com os edifícios integra o processo de formação de uma ação emancipatória? Questão complexa. O edifício, porém, responde à reorganização da percepção no nosso tempo; nesse plano e sendo um constituinte de peso na configuração dos conflitos no espaço urbano, está inserido num campo de forças complexo em que a lógica das relações de produção e consumo não detém o seu controle. Efetivamente, a recepção tátil conduz a recepção ótica e, desse modo, nos desvia através da distração, do hábito e do uso de uma consciência ideologizada, formal, meticulosamente planejada pela técnica. É claro que os dispositivos técnicos a serviço das relações de produção são planejados com o intuito de capturar também o inconsciente. A faculdade mimética, essa capacidade de flagrar

---

simbólicas de exclusão e habilitação *(entitlement)*: o "visual" de uma cidade, bem como a maneira pela qual ela se deixa por assim dizer manusear, seu aspecto "tátil", podemos acrescentar, refletem decisões sobre o que, e quem, pode estar visível ou não, decisões em suma sobre ordem e desordem, o que acarreta algo como uma estetização do poder, da qual o desenho arquitetônico é um dos instrumentos mais aparatosos." (ARANTES, 2000, p. 33).

semelhanças não sensíveis, contudo, é inapreensível em sua totalidade. O planejamento consciente que atravessa tais dispositivos, mantém a consciência por demais aferrada a conteúdos da memória consciente, a uma conexão rígida de causalidade entre conteúdos predeterminados e planificados. Ao contrário, a faculdade de flagrar semelhanças age no âmbito do instante e a semelhança aparece como o relâmpago fugaz. Frisamos novamente: um sentido não tem proveniência, mas sobrevém, mobilizando camadas psíquicas profundas, cujo mecanismo é inacessível à técnica precisamente por ser... técnica.

REFERÊNCIAS

ARANTES, Otília; MARICATO, Ermínia; VAINER, Carlos. A estratégia fatal. A cultura nas novas gestões urbanas. In: *A cidade do pensamento único*: desmanchando consensos. Petrópolis: Vozes, 2000. p.11-74.

ARISTÓTELES. Periérmeneias. In: *Órganon*. Trad. de: GOMES, Pinharanda. Lisboa: Guimarães Editores, 1985. p.119-167.

BENJAMIN, Walter. Infância em Berlim por volta de 1900. In: *Obras escolhidas*: Rua de mão única. Tradução de: TORRES FILHO, Rubens Rodrigues; BARBOSA, José Carlos Martins. Brasiliense, 1987. p. 71-142.

BENJAMIN, Walter. A obra de arte na era de sua reprodutibilidade técnica. In: *Obras escolhidas*: magia e técnica, arte e política - ensaios sobre literatura e história da cultura. Tradução de: ROUANET, Sérgio Paulo. 7. ed. São Paulo: Brasiliense, 1994. p. 163-196.

BENJAMIN, Walter. A doutrina das semelhanças. In: *Obras escolhidas*: magia e técnica, arte e política - ensaios sobre literatura e história da cultura. Tradução de: ROUANET, Sérgio Paulo. 7. ed. São Paulo: Brasiliense, 1994. p. 108-113.

DERRIDA, Jacques. Gênese e escritura do *Essai sur L'origine des Langues*. In: *Gramatologia*. Trad.: RIBEIRO, Renato Janine; SCHNAIDERMAN, Miriam. São Paulo: Perspectiva; EDUSP, 1973. p. 201-325.

DERRIDA, Jacques. A mitologia branca – a metáfora no texto literário. In: DERRIDA, Jacques. *Margens da filosofia*. Trad.: COSTA, Joaquim Torres; MAGALHÃES, António M. Campinas, São Paulo: Papirus, 1991. p. 249-317.

FOUCAULT, Michel. *Aulas sobre a vontade de saber*. Trad. de: ABÍLIO, Rosemary Costhek. São Paulo: Martins Fontes, 2014. p. 188.

HEIDEGGER. Martin. *Wegmarken*. Frankfurt am Main: Vitiorio Klosterniann, p. 203-238, 1976. *Plato's doctrine of truth (PLATONS LEHRE VON DER WAHRHEIT)*. Trad. em inglês de: SHEEHAN, Thomas. Pathmarks, (Ed.) William Mcneill, Cambridge (GB) e Nova York: Cambridge University Press, 1998, p. 55-182. *La doctrine de Platon sur Ia vérité*. Tradução do francês de: PRÉAU, André. Édition Gallimard, *Qneslions I et II*, p. 423-469, 1968. A doutrina de Platão sobre a verdade. Tradução de: MAMAN, Jeannette Antonios. Revista da Faculdade de Direito, Universidade de São Paulo, 100, 2005, p. 335-359.

HEIDEGGER. Martin. *A doutrina de Platão sobre a verdade*. Trad.: MAMAN, Jeannette Antonios. Revista da Faculdade de Direito, Universidade de São Paulo, 100, p. 335-359, 2005. Disponível em: < http://www.revistas.usp.br/rfdusp/article/view/67677 >. Acesso em: 15 set. 2020.

Aproximações e distanciamentos de Derrida e Calvino sobre a visibilidade, estudo deste milênio

Bianca Ramires Soares

Introdução

Ainda que a linguagem seja uma coisa viva, a definição de visibilidade se manteve com o passar do tempo e ainda resiste como atribuição daquilo que é visível, do que é possível identificar através deste atributo fisiológico que é a visão.

Ítalo Calvino, em sua obra "Seis propostas para o próximo milênio", descreve uma lista de cinco valores a serem conservados neste momento de preparação à chegada de novos tempos. O sexto item não chegou a existir por completo, pelo que consta no prefácio desta obra. Devido a este fato, nunca veio a vias de ser publicado. O texto na íntegra apresentado em seu livro foi escrito para uma conferência a cerca de 15 anos do momento de preparação em questão; a intenção era construir um acervo de atitudes e vivências prósperas para o próximo milênio. A conferência para a qual o texto foi escrito tratava fundamentalmente das medidas para um próximo e próspero milênio, já que essa conferência se daria em 1985, há 15 precisos anos do momento em questão da virada milenar.

O trecho que culminou em inquietações iniciais desta reflexão estrutura-se no quarto capítulo deste livro, chamado visibilidade. Jacques Derrida começa a escrever um pouco antes, em 1979, o texto "Pensar em não ver: escritos sobre as artes do visível (1979-2004)". Podemos observar aqui o primeiro paralelismo entre autores, que são os fatores temporais e temáticos de suas obras, no qual ambos colocam em evidência questões sobre os entremeios do visível, numa tentativa de resistir às mudanças não prósperas e de um futuro com perdas na estrutura do que trazemos como formulação das imagens e interpretação da realidade.

Contudo, Jacques Derrida em seu texto nos traz a ideia de 'acontecimento' e na sequência apresenta uma definição espectro, em ambas estão contidas informações que se desligam da noção básica de dualidade da produção de imagens. Podemos perceber também um desvio aparente às dualidades construídas entre texto-imagem e imagem-texto em relação à posição filosófica do outro autor. Neste caso, o distanciamento mais evidente é o que existe dentro dos limites de fundamentação de uma memória, ou de uma imagem constituída para um e para outro. Calvino acredita e organiza os estratos imagéticos como uma formação de memória cumulativa, enquanto Derrida rompe a estrutura temporal desta associação entre partes e o todo.

Para além disto, a fuga da construção das imagens para Derrida começa no pensamento. Podemos citar aqui o espectro. De acordo com Derrida, "O espectro, 'pensar' desta vez no sentido de 'acreditar', pensamos ver. A 'pensar-ver', um ver-pensado". O espectro acessa e constitui o futuro como uma função antecipada de envolver o acontecimento, e de acessá-lo. Sob o acontecimento, inexiste a antecipação como forma de produção da imagem espacial, do encontro ou vivência, que concede à visão e aos olhos videntes a condição da percepção "para ver vir o que vem". Isto, claramente, nos traz uma desconstrução nesta reflexão. Aqui, assinalamos a quebra na estrutura temporal com evidência que percebe o presente das estruturas desse "acontecimento" e observância de suas singularidades. Calvino, como mencionado anteriormente, engloba a sequência de sucessivos acontecimentos, não havendo o rompimento com momentos de passado e futuro, mas sim os incorporando. A partir deste momento, constrói-se uma ferramenta rolo de acervo e acesso às memórias, de mesma maneira também a ferramenta.

A intenção é fazer um estudo vindo do próximo milênio para ser a reação da ação do movimento que os textos acima causam em nosso tempo. Em uma breve simplificação, podemos associar que parte da obra de Calvino é parte integrante do que chamamos literatura. Nesse sentido, fazendo um distanciamento da produção textual de Derrida, podemos fazer uma reflexão sobre as questões da visibilidade pensando como guarda-chuva dessa construção o enlace do que é a literatura, presente nas escritas de ambos os escritores, seja como discurso literário, seja como discurso sobre o texto literário. Desse modo, o esqueleto inicial deste texto orienta para a busca da essência dos pensamentos dos percursos literários destes dois autores.

Contextos
Inicialmente, o novo milênio na descrição de Calvino, mostra que eram significativos os desdobramentos sobre o que se havia feito até então. Em linhas gerais, em relação às aquisições de conhecimento relacionadas às possibilidades envolvidas em tudo aquilo que é da ordem da visão, é possível se estabelecer uma articulação. Esta articulação, descreve uma tentativa de colocar em relação os delineamentos observados no estudo da visibilidade e seus horizontes descritos neste texto. Nesse sentido, a produção que decorria do milênio passado serve de material

para as propostas, de modo que serve, também, para a construção desse desdobramento que norteou, neste estudo, o fomento à discussão sobre a visibilidade no atual milênio.

No entanto, por vezes, estabelecer que os conceitos sejam a chave pode remeter a uma ideia de estudo voltada a uma simples associação, com uma certa determinação e previsibilidade. Sem qualquer perspectiva de controle e contra todas as expectativas possíveis para este novo milênio, em 2020, podemos pensar que os conceitos não são garantias de um desfecho concreto, com estimativa certa.

Os contextos nos quais as coisas ocorrem são iguais ou de maior significância para os processos do que muitas vezes cada conceito isolado de um problema total. Pormenorizar os contextos também é apagar o registro, garantir ou conduzir o desfecho a um senso comum.

Citando o caso da literatura, a constituição primária de um texto literário consiste no armazenamento de ideias situadas em tempo passado; com mais ou menos definição sobre a temporalidade, o avanço se mostra no sentido de identificar e consiste no processo de apropriação do autor, do espaço e do tempo em que as coisas irão se desenvolver. Sobre isto, o Calvino escreve ainda sobre o mundo escrito e o mundo não escrito, onde ele apresenta questões sobre a linguagem e a realidade.

É possível ainda articular a visibilidade dentro das narrativas literárias, enquanto conceito. A literatura explora o deixar claro, na certeza e na dúvida dos personagens, no encadeamento, no desfecho e também a não previsibilidade e não certeza dos contextos.

O estranho, o estrangeiro

A noção daquilo que é estranho, do que é opaco, do que não se pode ver e do que se deve esquecer do antigo para inserir o novo. Do que não se consegue, da ordem do que não é possível, para apagar é preciso reaprender.

O esquecimento pode produzir o efeito de recomeçar, de ir ao zero e estruturar novamente a narrativa de maneira nova e sem quaisquer engessamentos.

Uma vez, Rubem Alves (2012) escreveu sobre a escola da ponte. Uma escola de ensino fundamental que ensinava através das motivações dos alunos, dos projetos próprios criados por estes. A motivação consistia

na essência da acreditação de cada criança sobre seu projeto, no coletivo, na capacidade que cada um tinha de trocar e de somar para os projetos todos como grupo. Neste sentido, o autor cita a sua experiência como estrangeiro daquela vivência.
O grupo de aluno no caso relatado no livro estabelecia dinâmicas em que ele, enquanto estrangeiro que não estava habituado à autonomia das crianças naqueles projetos, teve que esquecer as regras sobre o que era aprender. E nesse mesmo sentido, observa as novas regras que cada grupo cria ao desenvolver cada projeto, esquecendo as regras já cristalizadas sobre o ensino regular. Cristalizar, por sua vez, pode não ser somente associado a uma ideia de fixação e engessamento, pode, por sua vez, ser cristalizar uma grande propriedade de transparência. Pela transparência, sentimos o atravessamento da luz, voltando o ciclo à visibilidade.

A lógica da visibilidade
A visibilidade, no pensamento das propostas para o próximo milênio, não é uma existência em si, sem contextos. A construção do próximo milênio é por si transitiva, ou seja, precisa de um complemento para o seu total significado em qualquer que seja a estrutura.
Seguindo no percurso desta escrita, podemos pensar que noção de visibilidade na contemporaneidade assumiu diversos papéis na construção de um novo ciclo, e por seu turno, dentro da ideia de construção do novo milênio. A chegada do século XXI relativizou muitos dos pensamentos sobre a noção de completude, finalidade, término. Os discursos mostram que, acima de tudo, não estão acabados e que a discussão sobre o que são as coisas e de que maneiras as coisas devem acontecer não estabelecem uma trajetória linear, definida, muito menos definitiva. Para além de humanos, somos seres faltantes e inacabados. Desse modo, a narrativas que ao longo dos séculos se desenharam como produtos fechados, acabados e sem guias e vias de discussão se mostraram vãs e infrutíferas como ferramenta de construção de futuro. Mais do que nunca, a literatura vocifera discursos deste milênio mostrando que chegamos em despreparo, mas que, acima de tudo, discursos atuais com extremo acabamento são passíveis de desconfiança.

O novo milênio, até certo ponto, mostrou algo que precisava ser visto, algumas das coisas as quais se acreditava que dariam certo e contribuiriam para um discurso mais igualitário e democrático.
Como integrante do próximo milênio, escreveria hoje aos antigos que algumas coisas não entendemos no coletivo, que, enquanto todos não chegarem juntos, não chegamos, que fragmentamos as essências e estamos ainda à procura dos pontos perdidos. Chegamos ao próximo milênio próximos do zero absoluto. A transparência e a visibilidade de novos sistemas remontaram e remodelaram nossas falhas estruturais e trouxeram à tona monstros sem forma e circunstanciados.
Dentro deste universo, Calvino e Derrida compartilham diversas questões importantes, uma delas, e possivelmente a mais central de todas, é a literatura. A literatura, enquanto instituição, não nos traz esclarecimentos, abre o mundo. Coloca possibilidades dentro de universos inicialmente fechados e sem perspectiva. A literatura aproxima da existência, dá a liberdade para existir fora dos padrões e, de acordo com Derrida (2014), se pudesse ser padronizada, deixaria de ser.
Ainda que o território de exploração da escrita derridiano seja um universo por vezes distante da produção textual literária, Calvino produz textualmente narrativas de maneira diferente.
Com algumas simplificações, poderíamos relativizar as questões presentes na obra de Calvino pensando em sua produção de narrativas a respeito da cidade e das coisas, indo através da concepção das coisas, ou seja, percorrendo um caminho à procura da essência em sua escrita. Por vezes, a escrita de Calvino pode parecer, em maior e menor grau, com o que Derrida chama de literalidade.
A literalidade de um texto, segundo Derrida, faz com que a articulação do texto possa dizer tudo, sem que o todo possa vir a ser um padrão. Encontrar um padrão na produção literária seria esgotá-la, ou pior, limitá-la a transitar em um mundo comum das obras já publicadas. A literatura se estabelece enquanto instituição justamente por sua capacidade de "dizer o não dito", ou seja, de mostrar o que, através de outro texto, não seria possível mostrar. Derrida, muitas vezes, hesitou, ao tentar ser enquadrado dentro da filosofia e da literatura.

A literatura e o novo milênio
A literatura, de uma maneira geral, se apresenta com certa capacidade de avançar no sentido da apropriação e construção dos espaços dentro das narrativas. Estas construções expõem a possibilidade de um progresso mais imediato a um novo cenário, o que resulta, na contemporaneidade, em aspectos mais sensíveis à realidade e ao tratamento da questão temporal. Num contexto que predomina a desigualdade urbana, o acesso à cultura e aos espaços culturais da cidade não está disponível para todos. Sob diferentes perspectivas, é possível perceber uma série de barreiras de classe, gênero e raça, principalmente ao se observar as relações de produção destes espaços. Uma vez que a produção cultural seja de difícil acesso, torna-se complicada a sua visualização como importante construtora da paisagem nas cidades. Neste sentido, é possível dar protagonismo à literatura, que é arte em forma de discurso, podendo, desse modo, sustentar e dar suporte a uma construção de mundo que não é somente externa, mas também interna de cada ser humano.

Literatura de Calvino
Inicialmente, podemos ser iniciados à literatura de Calvino através de sua forte correlação e produção com os textos literários. Nesse sentido, Ítalo Calvino em seus textos literários desenvolve uma série de reflexões sobre determinados aspectos da cidade. Na obra "Cidades Invisíveis", ele afirma que "Os olhos não veem coisas mas figuras de coisas que significam outras coisas" (CALVINO, 2002, p. 14). Podemos perceber também, segundo o autor, que existem repetições nas características sob o ponto de vista de uma observação literária. Um exemplo disto é um trecho sobre as cidades invisíveis: "A memória é redundante: repete os símbolos para que a cidade comece a existir" (CALVINO, 2002). Aqui, percebemos que, enquanto espectadores da urbanização e da vida na cidade, somos atores de sua construção, pois cedemos existência e significado aos lugares.

Literatura para Derrida
Derrida, como dito anteriormente, possui uma relação ambivalente no

que diz respeito à produção de literatura contemporânea. Inicialmente, ele descreve a literatura como "Essa instituição sem instituição", por onde tudo está por ser dito. "O tudo por dizer" de Derrida nos mostra a incompletude e a indeterminação própria do texto literário. Segundo o autor, o texto literário não é filosófico. A narrativa literária se constrói do que está nesses estranhamentos, do que está no meio, do que é próprio da situação, do acontecimento.

Considerações finais
Em relação ao lugar da literatura na atualidade, o trabalho procura se direcionar e conduzir os estudos, observando a potência de cada narrativa para a construção do espaço. Tanto o espaço da imaginação quanto o espaço habitado. Juntamente com o entendimento da aproximação dos movimentos contemporâneos à literatura, em relação à contemporaneidade, esse contexto implica em uma série de desdobramentos. A literatura, de uma maneira geral, apresenta certa capacidade de avançar no sentido da apropriação e construção dos espaços dentro das narrativas. Estas construções apresentam a possibilidade de um progresso mais imediato a um novo cenário, o que resulta, na contemporaneidade, em aspectos mais sensíveis à realidade e ao tratamento da questão temporal. Em vias disso, este texto se propôs, até o presente momento, a estar em uma fase de estruturação e recolhimento desses fragmentos. Por se tratar de um começo, a ideia do encadeamento das passagens de literatura prioriza, em seu aspecto mais lógico, relações indiretas sobre a narração do espaço.
Por fim, os desdobramentos numa sequência, após as questões relacionadas com a temporalidade, apontam para o desenvolvimento dos elementos em questão dentro desses espaços que sejam passiveis de interpretação das características literárias no interior das narrativas. Tentando pensar sobre o que são feitos e de que forma se relacionam com o tempo e com o espaço narrado. Tenta pensar também se são os mesmos dentro da própria narrativa e se possuem unidade em sua forma de representação escrita. Tentando recompor, desse modo, as características estruturais de pensamento a partir desses vários vieses. Na busca pela essência da narrativa e no avanço na discussão proposta.

REFERÊNCIAS

ALVES, Rubem. *A Escola com que sempre sonhei sem imaginar que pudesse existir.* Campinas, Papirus: 2012.

CALVINO, Italo. *Seis propostas para o próximo milênio:* Lições Americanas. Trad.: Ivo Cardoso. São Paulo: Companhia das letras,1990.

CALVINO, Italo. *Cidades Invisíveis.* Trad.: Diogo Mainardi. São Paulo: Companhia das letras,1990.

DERRIDA, Jacques. *A farmácia de Platão.* Trad.: Rogério da Costa. São Paulo: Iluminuras, 2005.

DERRIDA, Jacques. *Essa estranha instituição chamada literatura:* Uma entrevista com Jacques Derrida. Belo Horizonte: Editora UFMG, 2014.

DERRIDA, Jacques. *Pensar em não ver:* escritos sobre as artes do visível (1979-2004). Florianópolis: Ed. da UFSC, 2012.

Parc de La Villette: ampliando escalas, a cidade como reflexão teórico-crítica

*Sandra Catharinne Pantaleão Resende e
Wilton de Araújo Medeiros*

Introdução

O presente trabalho traz à luz questões relativas à importância do concurso do Parc de la Villette (1982) e sua implantação à medida que proporcionou abordagens diversas sobre os espaços livres e a própria função de parque na cidade contemporânea, tornando-se uma obra paradigmática. Toma-se como ponto de partida a ascensão da postura de vanguarda, denominada inicialmente *desconstrutivista*. Isso porque possibilitou uma aproximação maior entre teoria e crítica a partir da prática projetual de espaços livres de uso público, tendo em vista o distanciamento de pares dialéticos e a proposição do caos metropolitano e do estranhamente familiar como elementos inerentes aos parques urbanos. Outro aspecto refere-se à supressão da dialética entre natural e artificial como característica dos parques urbanos e a decadência das abordagens iluministas como posturas projetuais. Os parques parisienses serviram de inspiração para a pintura de vanguarda do século XX, em oposição à industrialização das cidades, representando o refúgio e a aproximação à natureza, além de oferecer atividades de lazer e contemplação. No entanto, essa perspectiva história é alterada por Bernard Tschumi, emergindo outra possibilidade para os parques urbanos, com a inserção de equipamentos e edifícios.
Não se pode desconsiderar o contexto da época e as contribuições dos concursos de arquitetura na França à medida que possibilitaram a ascensão de arquitetos jovens ou recém-formados. A modernização de Mitterrand trouxe à tona sujeitos pouco conhecidos, mas que foram responsáveis por reestabelecer paradigmas de vanguarda à prática projetual da arquitetura. A começar pelo objeto que estes arquitetos emergentes (Bernard Tschumi, Zaha Hadid e Rem Koolhaas) se debruçam: a cidade, ou ainda, as estratégias possíveis que expressam as camadas teoria, prática e crítica do fazer arquitetônico.
Essas questões permitiram apresentar também reflexões sobre a ascensão da cidade como mercadoria, tendo em vista as ações políticas de promoção da cidade e sua aproximação com o capital especulativo e as atrações arquitetônicas como apreciação turística. As propostas de jovens arquitetos alinhados às experimentações formais e à filiação ao pragmatismo crítico indicam novos caminhos para a prática projetual, notadamente relacionados à cidade e suas escalas.

Forma urbana contemporânea:
sobreposição de tramos e novas abordagens

Ao longo do século XX, os arquitetos têm discutido sobre a cidade, suas formas e transformações. A partir dos anos 1960, o debate se intensificou pela crítica e pelas posturas contrárias às teorias prescritivas e normativas que alicerçaram o discurso moderno à luz da visão positivista e do ideário iluminista. Bronstein (2009) aponta que a Crise do Movimento Moderno se origina na substituição do paradigma tecnológico-psicológico pelo paradigma da história, em que a arquitetura é vista como parte da cidade e não como objeto isolado.

Desde os Congressos Internacionais de Arquitetura Moderna (CIAMs) do segundo pós-guerra, os questionamentos passaram a analisar a estrutura urbana, inicialmente, influenciados pelo estruturalismo. Ao longo dos anos 1960-1980, prevaleceu a visão de Aldo Rossi, tendo em vista a memória coletiva e a forma urbana, como elementos necessários para a definição de estratégias de projetação em sua longa duração histórica. Por outro lado, à medida que esta abordagem perdeu força, outras vozes destacaram-se ao longo dos anos 1980, notadamente pelas publicações de Robert Venturi e Denise Scott Brown, *Learning from Las Vegas* (1972) e *Delirious New York*, de Rem Koolhaas (1978).

Em *Ciudad Hojaldre*, Vàzquez (2004) busca complementar as categorias de Choay (1965) sobre a história do pensamento urbanístico, estendendo as categorias historiográficas para as últimas três décadas do século XX: essa complementação se justifica ao caracterizar o século XIX como a era das cidades industriais e o XX, como a era das metrópoles. A compreensão dessas mudanças perpassa também diversos campos disciplinares, com destaque à sociologia, à arquitetura e à história.

A instituição da sociologia, da história e do urbanismo remete ao final do século XIX. Esses campos disciplinares buscaram, ao longo do tempo, compreender a cidade enquanto materialização das práticas sociais e das regulamentações acerca da produção do espaço urbano. São reflexões que visam compreender as relações entre as transformações da sociedade industrial e como dirimir sobre a vida urbana que definem o termo *urbanismo*, tido como uma consequência da expansão territorial da sociedade industrial do século XIX. Um de seus objetivos centra-se em disciplinar e dotar os discursos sobre as cidades de cientificidade cujo objetivo está em apresentar soluções para sanar os problemas provocados pela industrialização, uma vez que alteraram significativamente a forma das cidades tradicionais em escala, hierarquia de funções e os papeis simbólicos desempenhados pela arquitetura até então.

A proposta de Choay definiu duas categorias sobre as necessidades de planejar, ordenar e definir normas para a projeção das cidades a partir da Revolução Industrial. Em sua maioria, os primeiros discursos debruçaram-se em modelos utópicos e foram agrupados pela sua natureza: *progressista* ou *culturalista*.

O modelo *progressista* reporta-se às proposições de cunho racionalista, baseadas no homem universal e em suas necessidades. Suas características se apoiam na ordenação do espaço de acordo com convicções de progresso e da razão iluminista. Uma delas é o caráter higienista, introduzindo espaços abertos e áreas verdes; soma-se também a definição do traçado a partir das funções humanas, distinguindo os locais para realização das atividades: moradia, lazer, cultura, trabalho e circulação; e a solução estética racionalizada, em substituição aos ornamentos e disposições rebuscadas do passado.

A somatória de tais princípios resulta na ordem sistematizada por modelos dotados de rigor geométrico, visando a uma cidade ideal e deduzida pela lógica, capaz de acompanhar o *espírito da época*. Nela, deveria estar garantida a ordenação disciplinada do espaço urbano, principalmente das áreas habitacionais, visto o crescimento populacional, regulando a expansão territorial e a relação campo-cidade. Como resultado, foram propostas intervenções sobre o tecido urbano por meio da retificação e/ou introdução de vias estruturantes, que possibilitassem a circulação entre a parte antiga e os acréscimos ou a proposição de cidades novas, implantadas *ex-nihilo*.

O modelo *culturalista* evocava uma organização espacial baseada no agrupamento ou no coletivo. Suas prerrogativas estavam na articulação entre o passado e o presente e, com isso, dotar o primeiro de carga histórica de referência tendo a cultura como fio condutor. Como características, a cidade de cunho cultural se baseia no contraste com a natureza e, portanto, com limites precisos que a circunscrevem; seu tamanho

é comparável aos das cidades medievais, valendo-se da densidade em contraponto ao espraiamento e à formação de áreas suburbanas; busca a negação do traçado geométrico a favor de uma ordem orgânica herdada da tradição histórica da inserção das cidades na paisagem.
A sistematização de Choay (1965) permite analisar as proposições urbanísticas entre a segunda metade do século XIX e a primeira metade do século XX apresentando a historiografia da cidade industrial em dois momentos: o pré-urbanismo e o urbanismo como disciplina. Em complementação, Vázquez (2004) indica abordagens que se estabeleceram a partir do questionamento das proposições utópicas que cerceiam tanto os modelos progressistas e culturalistas, mas com destaque à crítica ferrenha às cidades ideais calcadas pela racionalidade e pelo progresso iluministas. O autor caracteriza o período compreendido entre as décadas de 1960 e 1990, em que aponta os discursos que emergiram num contexto de mudanças mais profundas, aceleradas e vorazes com a formação de aglomerações urbanas distantes dos padrões prescritos dos discursos vigentes. E, mais recentemente, ao articular as reflexões nos campos disciplinares da sociologia, da história e da arquitetura, propõe uma nova periodização sobre as *Teorias e Historia de la ciudad contemporânea* (2016), a partir de três denominações para a cidade: metrópoles (1882-1939); megalópoles (1939-1979) e metápoles (1979-2007). Para cada uma dessas periodizações, elegeu três pensadores, complementando suas reflexões em *Ciudad Hojaldre* (2004).
O autor aborda as transformações tecnológicas como o impulso para as mudanças morfológicas das cidades, dada a aceleração da sua dimensão temporal e da dilatação de suas escalas e densidades. Os processos de produção fordistas e tayloristas implicavam em estimular o deslocamento de milhares de pessoas para as áreas urbanas, materializadas em áreas habitacionais sem qualquer infraestrutura ou qualidade ambiental. A ação do Estado seria fundamental para que os interesses do capitalismo monopolista se consolidassem nas cidades: o controle sobre o espaço urbano perpassava pela ação do Estado, por meio de regulamentos e planos capazes de deter o crescimento desenfreado das cidades que se convertiam em metrópoles.
Segundo Vàzquez (2016), a cidade contemporânea é uma criatura incerta

cuja condição está na justaposição e sobreposição de variáveis econômicas, culturais e políticas, além das relações espaço-tempo. São muitas as questões incitadas pela complexidade da cidade contemporânea, inclusive a revisão da própria ideia do termo cidade frente às intensas modernizações e urbanização acelerada e globalizada da passagem de século. A transição de metrópoles (1882-1939) para megalópoles (1939-1979) e metápoles (1979-2007) indica as mudanças de escala e a diluição da dialética entre centro e periferia, tendo em vista as mudanças morfológicas que as transformações urbanas dos últimos 130 anos implicaram na apreensão do próprio conceito de cidade. Notadamente, o destaque dado às áreas periféricas por parte dos arquitetos e urbanistas, concentrando grande parte de projeto de grande escala, ou nas palavras de Koolhaas (1995), a dimensão *bigness*.

Para Vàzquez (2016), as contribuições de Koolhaas se destacam à medida que descreve a metápoles, *Generic City* (1995), derivada das novas tecnologias e dos hábitos socioculturais pós-modernos. A busca por uma articulação em escala planetária apontou um protótipo urbano em que infraestrutura, urbanismo e arquitetura convergiam para que os fluxos de capitais se solidificassem no bojo da globalização e da revolução técnico-informacional na virada do século. Essa dinâmica é verificada, principalmente no processo Go East, posterior à queda do Muro de Berlim, intensificando as intervenções urbanas em áreas periféricas. De outro lado, as cidades europeias recorriam à preservação ou salvaguarda das áreas centrais e uma preocupação em dinamizar áreas periféricas, traçando fragmentos articulados em propostas de grandes projetos urbanos.

Um processo de intensa dualidade entre centro e periferia, cidade histórica e contemporânea, além das confrontações entre urbe e natureza, constituindo espaços semiurbanos e seminaturais: as comunidades intramuros, localizadas ao longo de vias expressas, contribuindo sobremaneira para o *sprawl* urbano e, entre eles, a proeminência de um elemento inerente às metápoles: o vazio ou, nas palavras de Lerup (2000), a inexistência de espaços públicos aos moldes tradicionais: entre quadras e habitações, praças e parques; ao contrário, tem-se os edifícios isolados entre esses vazios. Para Vàzquez (2016), são questões já relatadas por Venturi acerca da dimensão feia e ordinária, tendo por referência a cidade histórica europeia. Emergem outros elementos urbanos: distritos financeiros, núcleos de saúde, *campus* universitários, centros comerciais e de entretenimento articulados ou interligados entre si pelas vias. Assiste-se, desse modo, ao esgarçamento do território, fenômeno conhecido por *sprawl urbano*. E, entre esses equipamentos, verifica-se a presença dos vazios, suscetíveis às intervenções e/ou interesses do mercado imobiliário ou por ele ignorado.

Esse cenário repercute nas propostas urbanas das principais cidades europeias, como Paris, Barcelona, Londres e Berlim, entre outras. Assiste-se à proliferação de investimentos público-privados em prol da dinamização das áreas periféricas, atrelada às renovações urbanas, assinalando uma nova abordagem sobre *tábula rasa* e *destruição criativa* (KOOLHAAS, 1995).

Modernizações e a era Mitterrand (1981-1995): entre preservar e destruir

Ao caracterizar a cidade do século XX, Secchi (2009) aponta a importância dos sistemas de transporte coletivo como um dos aspectos que incitaram o alargamento das cidades. As áreas periféricas vão se expandindo, visto o crescimento das cidades, engendrado por diversos atores, o que modifica as relações espaciais, acarretando uma nova realidade ao ambiente construído: "[...] a cidade para se dissolver em um território urbanizado informe e sem limites" (SECCHI, 2009, p. 55). A dispersão é, portanto, um fenômeno característico da cidade contemporânea, que não se efetua sozinho, sendo acompanhado também pela concentração, isto é, o adensamento do tecido urbano, conformando um território como "[...] um enorme palimpsesto no qual as diferentes gerações deixaram o vestígio de suas passagens e isso leva a considerar novos olhares para o problema do todo, da forma e da dimensão da cidade" (SECCHI, 2009, p. 80). As intervenções desse período elegeram o subúrbio como modelo de habitação saudável, visando a uma aproximação com a natureza e as intervenções nas áreas centrais, buscando uma renovação que pudesse "corrigir" os males da forma urbana tradicional. Assim, a cidade do final do século XIX até a Primeira Guerra Mundial foi denominada por

metrópole – ou a cidade mãe e as proposições do pensamento urbanístico estavam centradas em bases iluministas ou românticas.
Benévolo (2007), ao constatar as mudanças do final do século XX, aponta para um embate entre as especificidades do lugar e as invenções tecnológicas recorrentes das duas décadas anteriores que se encontram em formação, enquanto perspectiva histórica. Como observa o autor, a questão central sobre a cultura arquitetônica se relaciona à complexa condição contemporânea que tem modificado cada vez mais e de forma acelerada a paisagem, visando a uma nova condição da cidade: suas dinâmicas econômicas imersas na intensa globalização e urbanização recentes.
Aproximando as reflexões de Vàzquez (2016) às de Benévolo (2007), pode-se identificar regularidades entre as *metrópoles, megalópoles* e *metápoles*, como modernizações que, por sua vez, se relacionam à constituição das áreas urbanas, entre meados do século XVIII aos dias atuais. Na proposição de Benévolo (2007), tem-se: [1] o desmantelamento das estruturas de assentamento tradicionais, ainda que fossem salvaguardados "bens culturais"; (2) um modelo de urbanização moderno, realizado desde a primeira metade do século XIX, caracterizado pelo controle do solo urbano e territorial entre a administração pública e a propriedade fundiária privada somado às práticas de embelezamento urbano e salvaguarda de monumentos; (3) demarcação da atuação sob a égide do ideário moderno, desde a implantação de cidades novas como as ações de intervenção e salvaguarda do patrimônio passado no período pós-guerras; e (4), a dinâmica de produção "clandestina" ou daqueles espaços ditos irregulares que revelam o crescimento demográfico não contemplado pelos modelos anteriores.
No primeiro momento, houve um desmantelamento das tradicionais estruturas de assentamento realizadas pelas antigas sociedades que cederam lugar à chamada "cidade moderna", ou cidade pós-industrial, no fim do século XVIII – as metrópoles de Vàzquez (2016). Nesse período, grande parte do conjunto de obras antigas eram percebidas como um obstáculo a ser removido; a ser substituído pelos novos métodos vigentes, porém, sem que houvesse a substituição do quadro de normas. Essa alteração "[...] como sabemos há pouco tempo, comprometem as condições físicas restri-

tas que tornam habitável a superfície terrestre [...]" (BENÉVOLO, 2007, p. 15). Estabelece-se num primeiro momento a destruição criativa, isto é, uma relação entre o que é preservado, visto como excepcionalidade, e aqueles conjuntos que poderiam ser demolidos.
No segundo momento, há uma primeira tentativa de modernização do espaço urbano, que colocaria em desordem a relação entre as iniciativas privadas e o controle público. Ocorrido inicialmente no século XIX, mas amplamente utilizado nos dois séculos seguintes, é caracterizado pela sua forma administrativa e sua forma de divisão do trabalho: a divisão territorial do solo urbano entre a administração do Estado e as instituições privadas, em que uma parcela do solo era reservada aos órgãos públicos, que fixavam as normas a serem seguidas e deixavam que os proprietários administrassem as intervenções edilícias; e uma nova divisão do trabalho, que separava os técnicos dos artistas, distintos em suas formas de abordagem e aprendizado.
Neste segundo período denominado pelo autor, ocorre uma análise de todo o repertório formal existente, com o objetivo de extrair, do conjunto de modelos precedentes, uma nova linguagem formal. "[...] A perspectiva herdada da cultura renascentista, incorporada aos processos de divisão fundiária e aos de cálculo estrutural, adquire um valor organizativo durável [...]" (BENÉVOLO, 2007, p. 20). Esta releitura do espaço indica uma ruptura com a continuidade de todos os valores tradicionais pregoados na Europa, e causa uma desconexão entre os cenários, novos e antigos, perfazendo a ideia de megalópoles.
No terceiro momento, já na metade do século XIX, surgiu o segundo modelo de assentamento "moderno" (ainda muito utilizado já no século XXI), que substituiu, mesmo que parcialmente, o modelo precedente. Houve uma nova partilha de tarefas entre as instituições públicas e privadas, e foi amplamente utilizado nos períodos de pós-guerra para a reconstrução das cidades. Nesse novo modelo de urbanização, houve a substituição do tradicional metro linear do lote, com a frente edificável e as laterais e fundos confrontando com outras edificações, pelo metro quadrado, que abriu novas possibilidades de projetação e de aproveitamento econômico do solo urbano edificado. Estas novas possibilidades possibilitaram um amplo campo, que permitiu aos arquitetos se dis-

tanciarem dos tradicionais modelos de cidade e se aproximarem das vanguardas pictóricas do início do século XX.

A noção de um espaço livre para projetação, liberto das tradicionais normas relacionadas à frente edificável do terreno, possibilitou novos métodos de aproveitamento do solo urbano, decorrentes do novo modelo de urbanização, fazendo com que houvesse um aumento na demolição da paisagem pré-industrial existente (entendido como sendo os ambientes emergidos pré-industrialização), juntamente com o aumento dos tombamentos do patrimônio edilício de valor arquitetônico reconhecido, na tentativa de mantê-los íntegros. E é neste contexto que se propaga os grandiosos projetos, que visam, acima de tudo, ao lucro econômico. Este novo modo de tratamento econômico do solo urbano trouxe à tona problemas decorrentes dessa dinâmica, pois, constantemente, entravam em conflito os usos das edificações, que rapidamente tornavam-se precários, e os novos valores fundiários.

E, por fim, desvinculado dos procedimentos legais e das regulamentações dos modelos urbanos anteriores, surgiu um novo tipo de assentamento urbano, decorrente das necessidades da sociedade local. Este novo tipo de desenvolvimento urbano é uma adaptação das condições construtivas da população às suas condições econômicas, e completa as lacunas deixadas pelos procedimentos legalizados, que no geral só chegam à população abastada, fenômeno ainda mais agravado nos países subdesenvolvidos, o que, por vezes, caracterizar as áreas periféricas das grandes cidades desses países.

A complexidade da vida urbana e sua intensidade a partir dos anos 1960 incitaram discursos de diversas áreas do conhecimento vinculados às ciências sociais e às ciências humanas. E, ao contrário de definição exclusiva do caráter disciplinar, os estudos urbanos passaram também a rever as posturas utópicas em prol de reflexões e proposições condicionadas à vivência do espaço urbano.

Nesse contexto, observam-se as políticas urbanas com destaque à cidade de Paris, perpassando desde as intervenções de Haussmann, centradas no higienismo e no embelezamento urbano, aos grandes projetos de Mitterrand, visto que Paris é uma cidade atrelada ao pensamento urbanístico e pode ser caracterizada como metrópole, megalópole e metápole.

Os anos 1950 e 1970 foram marcados pelo planejamento urbano voltado para a construção em massa de habitações coletivas, as *Grands Ensembles*, sob o ideário moderno. Porém, ainda que melhorias na qualidade habitacional estivessem acontecendo, os próprios profissionais, no final dos anos de 1960, insurgem e passam a criticar a ausência de "sentido" modernista (ELLIN, 1999). Instala-se a crise do Movimento Moderno em meio às revoltas de 1968. Temas como história, lugar, cidade e cultura se tornaram pauta dos discursos, levando a novas posturas teóricas. Para Nesbitt (2008), houve uma crise de sentido, em que o papel da história tornou-se central, levando a proposições e intervenções da cidade, em partes em substituição às ideias de Le Corbusier, que defendia intervenções mais abrangentes e centradas no controle sobre a cidade.

Em Paris, o Centro Cultural Georges Pompidou (1977), de Renzo Piano e Richard Rogers, é um exemplo de mudança, à medida que sua forma expressa a estrutura, as instalações e as circulações, desnudando-as. Esse edifício representou uma mudança na forma de escolha do arquiteto e do projeto arquitetônico para uma obra pública, uma vez que permitiu a participação de jovens profissionais (PINHEIRO, 2011). Com isso, os concursos foram responsáveis por iniciar a projeção de escritórios em escala global, contribuindo para a formação do *starsystem*, sistema a ser consolidado com a globalização num cenário pós-Guerra Fria (ARANTES, 2000).

Posterior ao Centro Pompidou, tem-se as intervenções urbanas da era Mitterrand (1981-1995). Em sua gestão, houve investimentos significativos em Paris não só com o intuito de preservar a história, mas também em promover a cidade como capital europeia. Para tal, os concursos permitiram a participação de arquitetos nas obras públicas, uma vez que foram desafiados a propor soluções urbanísticas que respeitassem a história de Paris e, ao mesmo tempo, promovessem áreas periféricas. O *Plano de Mitterrand* abarcou o desenvolvimento de diversos projetos cujas transformações urbanas passaram a ecoar sobre outras capitais do continente europeu, como Berlim, Madri e Londres, levando a uma competitividade entre elas e o papel da arquitetura como mola propulsora para a conversão dessas cidades em cidades espetáculo. Para Arantes (2014), na virada do século XX para o XXI, nunca se projetou

tanto e com tanta intensidade num retorno avassalador às cidades. A autora identifica as intervenções urbanas pontuais como desdobramentos da crítica ao urbanismo universalista ou contraposição aos preceitos modernistas. Nesse contexto, Paris representa a dupla estratégia de modernização de final do século: "[...] criar, de um lado, espaços prestigiosos, lugares da vida pública, como diziam seus promotores, no mais das vezes espaços culturais e, de outro, evitar a modernização predatória, respeitando a tipologia parisiense [...]" (ARANTES, 2014, p. 126).
Para a autora, além de "congelar" a Paris moderna, pode-se controlar a invasão dos imigrantes e da população de baixa renda, além da expulsão de parte dos moradores das áreas alvo das intervenções, mediante o discurso de requalificar bairros e promover uma nova dinâmica de modernização da cidade. Arantes (2014) complementa também as relações entre o Estado e as forças econômicas, permitindo, por meio do planejamento estratégico, uma maior participação do capital privado na gestão do espaço público: novas corporações que incitam o projeto arquitetônico centrado na forma-publicidade mercadoria, isto é, a apoteose da superfície, reafirmando a posição de Koolhaas quanto à destruição criativa, presente em seus textos desde *Nova Iorque Delirante*.
Nessa mesma perspectiva, em seu texto *What ever happened to Urbanism*, Koolhaas (1995, p. 958) aponta que o século XX tem perdido a batalha contra a quantidade, tendo em vista a impotência do urbanismo em acompanhar a explosão demográfica das cidades, ao afirmar que a profissão urbanismo tem desaparecido no momento em que a aceleração da urbanização se intensificou alertando para o *triunfo* da condição urbana contemporânea. Anterior a esse texto, apresenta sua proposta para o Parc La Villete e, em seguida, a proposta para *Ville Nouvelle Melun Sénart*, reafirmando a potência da periferia parisiense.
Além disso, em *Tabula Rasa Revisited* (KOOLHAAS, 1995, p. 1090), o arquiteto pontua que a proposta para o bairro La Défense garantiu a preservação da área central, ampliando sua rede viária por meio da continuação dos eixos e marcos da cidade, iniciando no Museu do Louvre até o Arco la Defense, local em que os arranha-céus poderiam ser implantados (figuras 1 e 2).

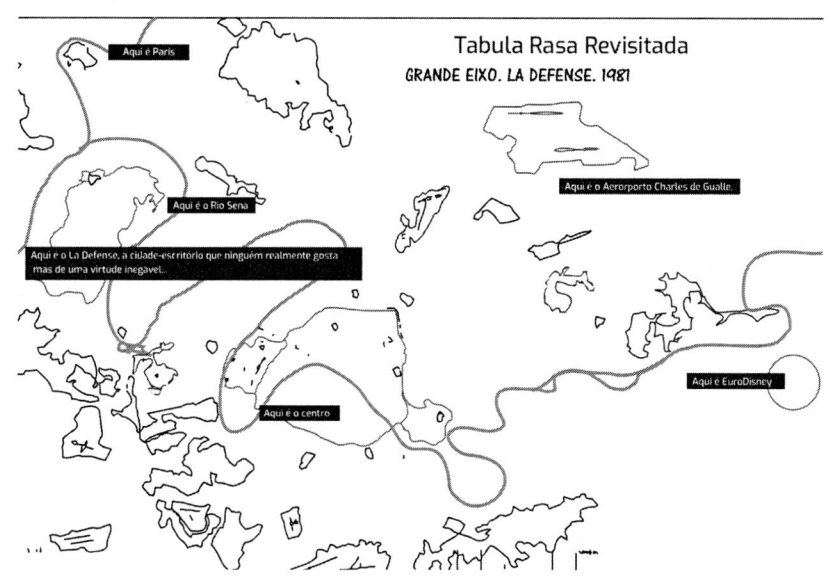

Figura 1: Grande eixo Paris La Vilette. Desenho dos autores. 2020.

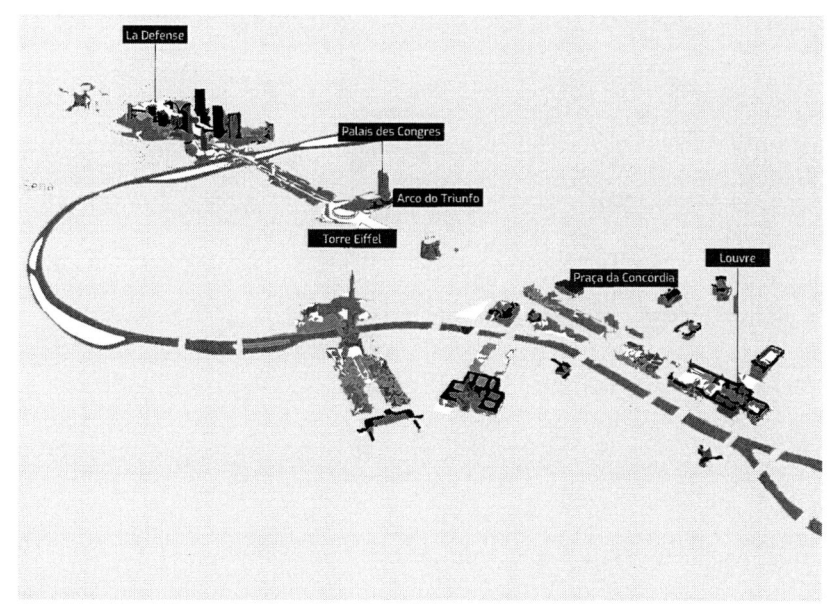

Figura 2: Paris, os monumentos e lugares históricos, e La Defense. Desenho dos autores, 2020.

Ao apontar os pontos de intervenção de Mitterrand, Koolhaas indica a mudança de escala e a importância do rio Sena para a formulação de novas paisagens nas áreas periféricas. Por outro lado, assinala as dimensões entre a área central e a extensão das intervenções e tamanho da área periférica de Paris, destacando os novos equipamentos e bairros para a cidade. Cabe lembrar que diversos dos projetos para Paris são apresentados por Koolhaas em seu catálogo S, M, L, XL e indicam as experimentações possíveis e possibilidades de reflexões a partir da prática projetual, atestando o pragmatismo crítico como referência desse período. Em suas análises e imagens (figura 3), Koolhaas observa o contraste entre a área central vinculada às intervenções de Haussmann e a imersão de Paris na dinâmica das cidades globais.

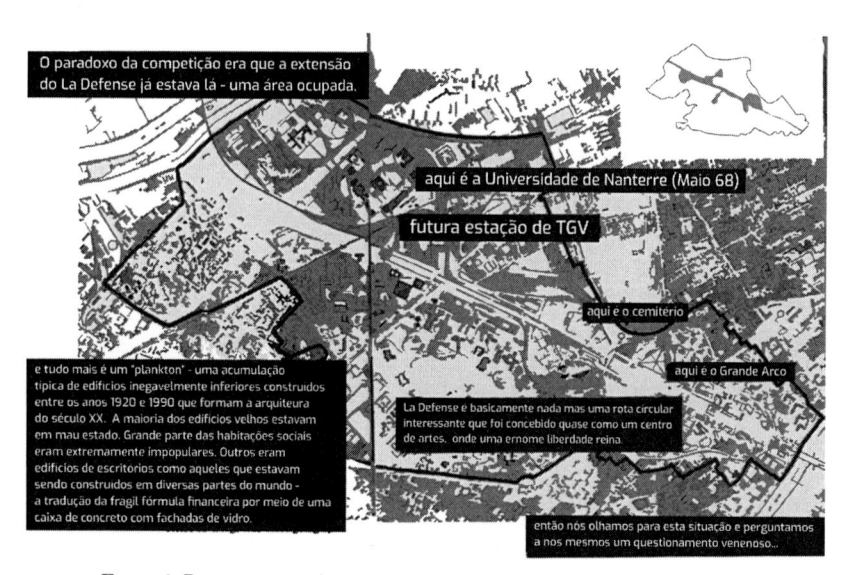

> O paradoxo da competição era que a extensão do La Defense já estava lá - uma área ocupada.
>
> aqui é a Universidade de Nanterre (Maio 68)
>
> futura estação de TGV
>
> aqui é o cemitério
>
> e tudo mais é um "plankton" - uma acumulação típica de edifícios inegavelmente inferiores construídos entre os anos 1920 e 1990 que formam a arquitetura do século XX. A maioria dos edifícios velhos estavam em mau estado. Grande parte das habitações sociais eram extremamente impopulares. Outros eram edifícios de escritórios como aqueles que estavam sendo construídos em diversas partes do mundo - a tradução da frágil fórmula financeira por meio de uma caixa de concreto com fachadas de vidro.
>
> aqui é o Grande Arco
>
> La Defense é basicamente nada mas uma rota circular interessante que foi concebido quase como um centro de artes, onde uma enorme liberdade reina.
>
> então nós olhamos para esta situação e perguntamos a nós mesmos um questionamento venenoso...

Figura 3: Proposta para o bairro la Defense em contraste com a área histórica.
Desenho dos autores.

Segundo Muñoz (2008), essa transformação no espaço urbano é uma *"urbanização"*; a paisagem da cidade é tematizada como se fosse um parque temático, é a reprodução de uma arquitetura em todo o mundo, sem relação específica com a cidade ou com o entorno, apenas uma colagem, visando, sobretudo, gerar renda e maior atratividade dos

espaços urbanos que passaram por algum tipo de intervenção. Dessa forma, para ele, a paisagem urbana passa a não pertencer nem à cidade e tampouco ao urbano, e sim ao governo do espetáculo. Essas cidades passam a ser meramente um lugar de representação do poder, seja ele de cunho político ou de cunho econômico.
Complementando, para Arantes (2010), quanto à proposição arquitetônica em si, há maior "liberdade" formal e programática, se comparado a edifícios comerciais ou residenciais. Ademais, é possível que, com esses projetos, os arquitetos possam ganhar mais notoriedade à medida que passam a ser reconhecidos pelos projeto-ícone, por conferir status à cidade e à região e aumentar o fluxo de capital e investimento na área onde foi implantado (ARANTES, 2010). Dessa forma, a maioria dos arquitetos contemporâneos almejam estar entre os "arquiteto-estrela", ter o seu edifício, a sua obra de arte inserida em alguma cidade.
Koolhaas, ao apreender esse contexto de atuação do arquiteto, associa a produção da arquitetura às questões econômicas e menos enraizadas aos preceitos do urbanismo. De modo geral, sua postura aborda outros modos de pensar arquitetura, em que as relações edifício e cidade são analisadas tendo em vista: a escala, a difusão de uma cultura de massa, a importância da tecnologia e economia no mundo atual, e a função imagética da arquitetura, tendo mais interesse em se preservar um ícone, uma imagem do que o projeto em si; "[...] não há dependência entre a forma arquitetônica e o uso" (MONEO, 2008, p. 294).
Para Arantes (2014), o pragmatismo crítico desempenhou papel nesse cenário a partir da proposta de Peter Eisenman na Trienal de Milão de 1987, ao propor uma "desconstrução" da área central de Roma, confrontando as práticas de preservação tão densas na Itália. Essa exibição já colocava em evidência a postura pós-estruturalista presente na proposta para o Parc de la Villette, vencida por Bernard Tschumi. A postura pós-estruturalista ou desconstrutivista buscava driblar as artimanhas da razão totalizadora e a proliferação de uma narrativa, aparentemente irracionais ou desconexas. Nessa perspectiva, mapas, gráficos, eixos e hierarquias perdiam espaço para representações centradas na desterritorialização, esvaziamento do significado, errância e delírio esquizoide, em que o conceito chave passa a ser o caos metropolitano (TSCHUMI, 1996). Para a proposição das intervenções parisienses, houve a predileção aos

arquitetos afinados a essas propostas, que, segundo Arantes (2014), indicava a hegemonia francesa quanto às tendências do debate arquitetônico, não apenas por textos, mas por permitir essas experimentações em suas áreas urbanas, ainda que preconizasse a preservação de suas áreas históricas. Desse modo, pode-se dizer que, desde o final do século passado, Paris passa a ser reconhecida como megalópole, ou seja, uma cidade na qual a multifuncionalidade e a mutabilidade são características urbanas responsáveis por torná-la uma influência global e uma referência cultural (PINHEIRO, 2011). Um contexto no qual o *starsystem arquitetônico* encontra raízes para se consolidar e evoluir; que a produção *high tech* encontra meios de se desenvolver ainda mais associada às experimentações *desconstrutivistas*; e que o setor financeiro passa a atuar em peso nas cidades, com o intuito de promovê-las como nós estratégicos capazes de atrair capital, reforçando o sentido de *musèe imaginaire*, conforme Arantes (1988). É um período em que o *branding urbano* passou a guiar as intervenções urbanas pontuais nas cidades globais (SASSEN, 1991).

As intervenções urbanas de Mitterrand, Parc de la Villette e o desconstrutivismo
Entre 1981 e 1995, Mitterrand promoveu onze intervenções urbanas em Paris, os Grandes Projetos, destacando as transformações de suas periferias, modernizando-as e resguardando as áreas centrais históricas (figura 4).

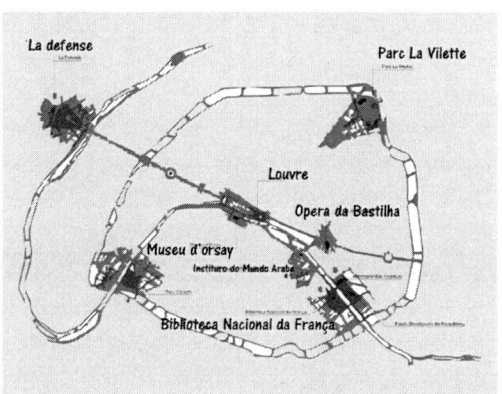

Figura 4: Mapa dos grandes projetos da era Mitterrand: intervenções pontuais nas áreas central e periféricas de Paris. Desenho dos autores.

O conjunto de intervenções visava à inserção de edifícios culturais articulados a espaços públicos, remontando à cidade luz do século XIX, isto é, protagonista e difusora do conhecimento. Nos anos 1980, houve a aproximação entre cultura e economia, buscando atrair novos investimentos: a cidade como mercadoria. Os concursos permitiram que os mais ousados e inovadores arquitetos se concentrassem em Paris, fossem velhos conhecidos ou iniciantes eufóricos por uma nova possibilidade projetual.

O concurso para o Parc de la Villette ocorreu no bojo da valorização do patrimônio cultural edificado em áreas industriais obsoletas e a influência do desconstrutivismo como alternativa à dialética entre modernos e antimodernos – os historicistas pós-modernos. Fierro (2003) relata os dilemas da crise europeia, demonstrando que as intervenções propostas pelo presidente francês articulavam as relações entre cultura e globalização a nível internacional. Reafirma a leitura de Arantes acerca dos objetivos dessas intervenções, em manter a hegemonia cultural da França sobre o mundo ocidental e, neste instante, também pela emergência oriental. Novos monumentos, agora em escala urbana e continental, eram necessários para que a presença mítica da França se mantivesse mesmo em meio à urbanização acelerada no final do século passado.

Para a autora, as propostas arquitetônicas prezaram pelo uso do aço e vidro, visando à reafirmação da modernidade e da visão progressista, ainda que parte dos edifícios se atentassem para a emergência do contextualismo urbano, adotando a linguagem da transparência em prol do "respeito" às preexistências e da aproximação com a natureza, discursos que buscavam ascender o espaço público como articulador entre o antigo e o novo. Em outras palavras, a era Mitterrand buscava rejuvenescer a cidade de Paris, à medida que incorporava novas construções com materiais modernos, provocando a profusão de imagens tecnológicas, associando Paris à nova estética do final de século: o retorno ao otimismo da tecnologia.

Além de concentrar as intervenções aos eixos de boulevards, a proposta também demarcou novas entradas para Paris, ademais das propostas para duas grandes áreas verdes: O Parque André Citroen e o Parc de la Villette, visando melhorar as áreas periféricas por meio da valorização de áreas públicas.

A antiga área de matadouro e de passagem na periferia de Paris foi alvo de concurso público, desempenhando o papel de tráfego fluvial no século XVIII, quando houve a primeira intervenção para viabilizar as rotas comerciais e articuladas a outras rotas de transporte no processo de metropolização de Paris, intensificada pela industrialização da região, em 1865, em que se instalaram os pavilhões de matadouros e comércio de animais, atividades permanentes até por volta de 1950.

A decadência da região ocorreu entre 1950-70 quando os matadouros deixaram de ser atrativos e se mostraram insuficientes para a demanda crescente por carnes, levando à desativação da região, em 1974. Torna-se um espaço obsoleto, inserido numa área popular e periférica, levando a reflexões acerca das possibilidades de reconversão dessa antiga área fabril de Paris. No final da década de 1970, foi proposta a implantação de um parque público, que pudesse atender às diferentes camadas da população, além de abrigar um museu e um auditório, conforme descreve Mohr (2003). Mediante essas questões, define-se o concurso para o Parc de la Villette tendo em vista suas prerrogativas: promover o encontro entre a ciência e a cultura, configurando-o como uma cidade jardim e um jardim dentro da cidade.

A transformação da região foi iniciada pela proposta de Fainsilbber e se amplificou à medida que o entorno passou a se transformar também com implantação de atividades residenciais e comerciais (figuras 5, 6, 7 e 8).

Segundo Mhor (2003), um primeiro concurso foi organizado em 1975, defendido principalmente por Paul Delouvrier e François Barré, que buscavam uma visão de parque contemporâneo. Houve 149 propostas, das quais foram laureadas 9, mas não houve continuidade, levando à reativação dos matadouros. No entanto, em 1982, outro concurso foi proposto, com a participação de 470 propostas, sendo nove laureadas para que pudesse ser definido o vencedor. Entre as nove propostas selecionadas, quatro eram de escritórios franceses: A. Chemetoff, B. Lassus, J. Gouvernie e G. Vexlard; duas dos países baixos: Van Gessel (Países-Baixos) e Rem Koolhaas; e uma da Espanha, da Dinamarca e dos Estados Unidos, respectivamente: A. Arriola; S. Anderson (Dinamarca) e B. Tschumi (Estados Unidos).

Figura 5: Mapa da Região La Vilette. 1949. Desenho dos autores sobre o Google Earth, 2020.

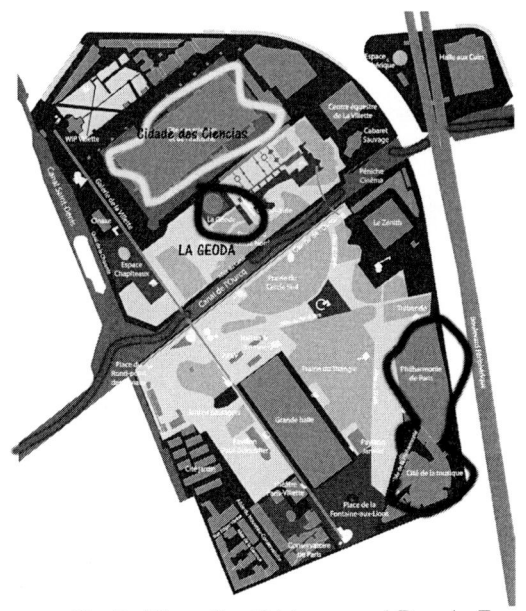

Figura 6: Proposta para o Parc La Vilette. O artificial e o natural. Desenho Fernando Fuão. 2022.

Figura 7: Região La Villette com destaque ao parque – 2005.
Desenho dos autores sobre o Google Earth, 2020.

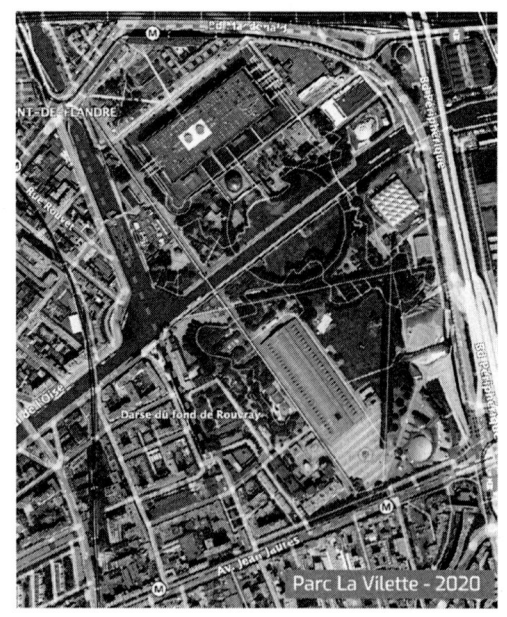

Figura 8: Região La Villette, com transformações do entorno ao parque – 2019.
Desenho dos autores sobre o Google Earth, 2020.

Ainda conforme aponta Mhor (2003), essas foram as únicas propostas que atenderam aos requisitos do concurso: um esboço capaz de traduzir os desejos indicados. O concurso foi organizado pela UIA e tinha por objetivo a proposição de um parque inovador, adaptado à realidade da época – reconhecer as transformações urbanas e propor um espaço público para o século XXI, dotado do espírito novo e que se distanciasse dos tradicionais parques parisienses. Busca-se, sobretudo, o reconhecimento das experimentações em voga à época e a possibilidade de aglutinar a consciência da vida metropolitana às transformações do século vindouro.

Os objetivos indicados no edital do concurso assinalavam a incorporação do discurso à época e representado por Tschumi: a consciência das experimentações espaciais que convergiam para a visão pós-estruturalista dos arquitetos recém-formados. Eram jovens em busca de inovações complexas que visavam articular formas impactantes na escala urbana, utilizando novos materiais e referências poéticas incompletas. Para Puglisi (2008), o Parc de la Villette representou a justaposição de diferentes funções por meio de camadas, atestando o espírito inovador desses arquitetos.

A proposta vencedora foi a de Bernard Tschumi, com consultoria de Peter Eisenman e Jacques Derrida. Significou a ascensão da postura desconstrutivista e uma nova perspectiva para os projetos de parques urbanos. Barré (1987) descreve-o como uma proposta que incorpora aos espaços públicos atividades culturais e tecnológicas, pois, além do projeto do parque em si, foram previstos também outros dois edifícios: a Cidade da Música e a Cidade das Ciências. Houve o prenúncio da mescla de atividades e a possibilidade de encontro dos diferentes públicos reafirmando questões presentes no discurso de Tschumi acerca da cidade e sua dimensão temporal – a incorporação do caos metropolitano e do descolamento como elementos de projetação (DUARTE, 2010).

O choque metropolitano e a presença do estranhamente familiar nessa proposta está representado pela negação da natureza em prol da cultura. Barré (1987) indica o deslocamento da ideia de espaços verdes para o espaço público urbano; este, por sua vez, inserido numa dinâmica mais ampliada que é a metápoles e com uma visão de que os espaços públicos deveriam demarcar a *cultura da congestão* (KOOLHAAS, 1978). Isso se atesta à medida que buscava-se constituir um espaço fusional, em que

o público pudesse desempenhar diferentes atividades simultâneas, que poderiam ser contraditórias e fragmentadas, isto é, que prevalecesse a diversidade e o espírito cosmopolita, próprio das megalópoles.
Ademais, verifica-se outra tendência: a descentralização da cidade e a formação de outros pontos catalisadores do espaço urbano, com destaque às áreas periféricas. Isso permite outra aproximação às impressões de Koolhaas (1995) quanto à liberdade dessas áreas das amarras da identidade: uma destruição criativa que reforça a ideia de tábula rasa revisitada. Retoma-se a valorização do espaço público urbano e seu papel de agente de intervenção das áreas periféricas, dinamizando-as e possibilitando novos pontos atrativos da cidade para além das áreas históricas reconhecidas e preservadas ao longo da história, notadamente em Paris cuja tradição a la Viollet Le Duc é recorrente.
Barré (1987) indica a escolha pela proposta de Tschumi entre as nove selecionadas: contemplou a aspiração por uma relação entre arquitetura e paisagem, ainda que atendidas parcialmente.
É importante destacar a postura de Tschumi e daqueles que gravitavam sobre a visão pós-estruturalista emergente desde meados da década de 1970, que declinavam da visão tipológica por uma visão por camadas ou por justaposição de elementos. Em seu artigo (Duarte, 2010) descreve a visão de retaguarda de Frampton e, oposta a ela, Tschumi, inclinado ao "estranhamente familiar" associado ao choque metropolitano, e as interações entre movimento e novas perspectivas quanto ao programa arquitetônico. Ao eleger uma teoria de abordagem, Tschumi buscava estabelecer suas estratégias projetuais: uso de recursos diagramáticos para estabelecer possibilidades; em seguida, propõe a distinção entre espaços programáticos e genéricos, que podem ser alternativas; a partir destas possibilidades, tem-se mais uma camada: a circulação ou vetores de crescimento, em que são definidas as prioridades ou como os espaços arquitetônicos serão usados e/ou experimentados e, por fim, as articulações possíveis entre os "testes" espaciais e as restrições do lugar.
Esses parâmetros iniciais, segundo ele, é que definem o conceito que não se estabelece pela forma e tampouco o programa, como é de costume na visão modernista. Para Tschumi, a arquitetura é a materialização de conceitos e não formas. Significa que sua visão possibilitou um pro-

jeto, no mínimo, inusitado. Ao invés de reestabelecer as premissas tradicionais, ele propôs traços, vestígios históricos por meio das camadas inseridas numa área fabril, introduzindo a flexibilidade programática e o evento como recurso projetual. A mudança de escala foi considerada em seu projeto expressa pelas folies – elementos de destaque dispostos como pontos de orientação sem que houvesse uma determinação precisa dos percursos.

Em suas palavras, a concepção do projeto decorre da ideia de ausência de diretrizes claras do que se pretendia, de fato, com o concurso e as possibilidades de experimentação advindas dessas incertezas. É consequente disso uma postura de reflexão crítica quanto aos caminhos da arquitetura e da filosofia no final do século. Consciente dessas mudanças, Tschumi buscou combinar distintas respostas à superposição de diferentes camadas em sua proposta: eram os pontos, linhas e superfícies, permitindo que o parque contemplasse a diversidade de usos simultâneos e a dissociação das camadas ainda que estas estivessem justapostas. Em suas anotações, por meio de diagramas, observa as transformações dos parques ao longo dos séculos, evidenciando a visão do embelezamento urbano, a visão romântica e a inserção de edifícios isolados para uma proposta de justaposição de estruturas dissociadas entre si, mas que capturavam as transformações das cidades na virada do século, perfazendo uma proposta inovadora para os espaços públicos urbanos (figuras 9 e 10).

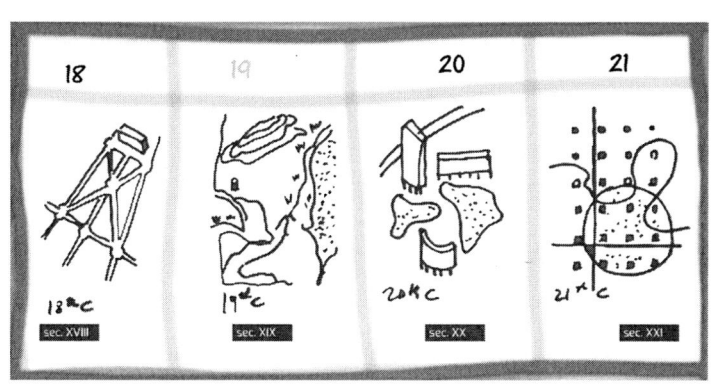

Figura 9: Diagramas segundo Bernard Tschumi, sobre os tipos de parques por séculos. Desenho: Fernando Fuão. 2022.

Figura 10: Diagrama das escalas urbanas para o concurso do Parc de la Villette. Desenho sobre os diagramas de Tshumi. Fernando Fuão. 2022.

Sua análise perfaz também as relações entre a cidade e o entorno, tendo em vista a articulação metropolitana do parque e suas possibilidades de uso por diferentes públicos registradas em seus diagramas analíticos (figura 11).

Figura 11: Diagramas sobre as justaposições possíveis para o Parc de la Villette. Desenho: Fernando Fuão. 2022.

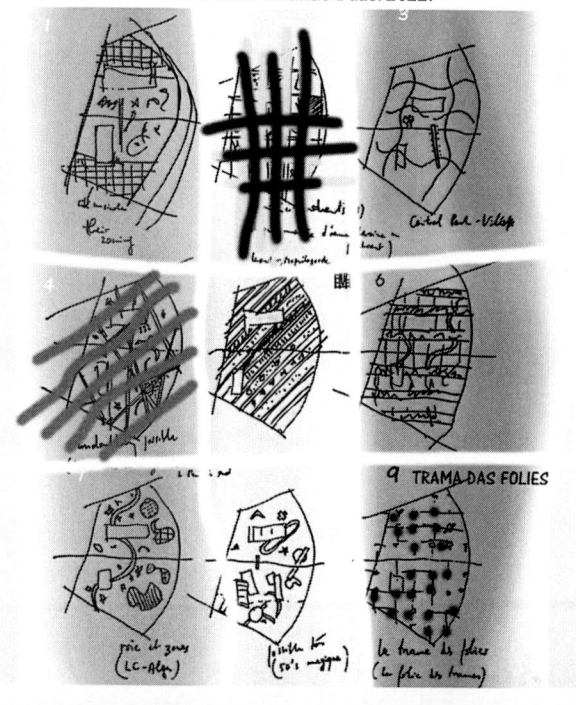

Entre as diversas possibilidades desenvolvidas, Tschumi optou pela concepção a partir do grid, tendo em vista as possibilidades de sobreposição com as linhas e superfícies, permeando a dissociação e, ao mesmo tempo, a dimensão urbana das folies como pontos referenciais de deslocamento e de definição do programa proposto pelo arquiteto. Em suas palavras, a arquitetura e seu programa são definidos pelas folies e pelas tramas entre as demais camadas, indicando também uma mudança quanto ao que seria a própria concepção de programa nesse contexto: algo indeterminado e adjacente à própria forma arquitetônica. Isso porque as folies como algo constante e referencial à paisagem também seriam responsáveis por gerar diferenças, isto é, a ideia de deslocamento, permitindo a incorporação da dimensão temporal ao programa em contraposição à ideia estática moderna (figuras 12 e 13).

Figura 12: Proposta Parc la Villete de Bernard Tschumi. Desenho Fernando Fuão. 2013.

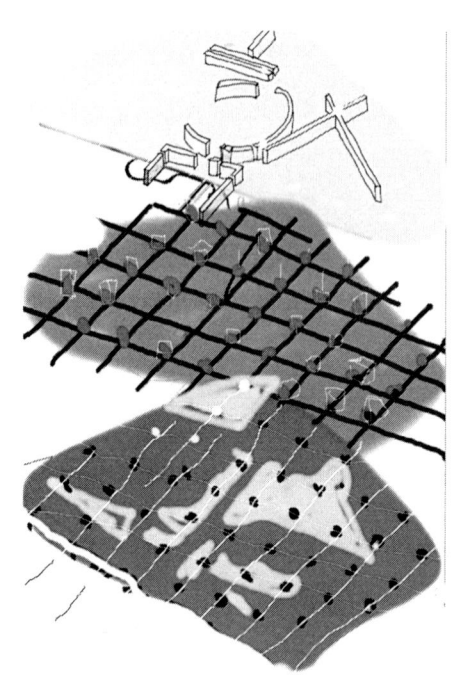

Figura 13: Proposta Parc la Villete de Bernard Tschumi. Desenho Fernando Fuão. 2013.

Outro aspecto ressaltado por Tschumi se refere à busca por uma nova visão de parque e de urbano, visando designar o espaço como uma cicatriz ou uma costura, à medida que é um nó regenerador situado no próprio limite da cidade, devendo ser visto como uma construção excêntrica, sem que houvesse a preocupação com o natural, mas, sobretudo, com uma artificialidade própria do mundo atual. Coloca-se, ademais, como uma obra emblemática ao propor um "tipo novo", rompendo com as tradições e se colocando como uma proposta inacabada e passível de alterações.

Ao mesmo tempo, enaltece a dimensão da cidade como aposta da arquitetura contemporânea, visto que os edifícios atraem mais pessoas do que o próprio parque – ou seja, o parque como extensão da cidade, tomando para si uma experiência sensorial e performática em que múltiplos sujeitos se cruzam e, em alguns casos, estabelecem interações, mas muito distintos daqueles visitantes retratados nas pinturas do século XIX: tem-se o caráter cosmopolita e heterogêneo da cidade que é transfigurado na proposta de Tschumi.

Considerações finais

A proposta de Tschumi revela as mudanças pretendidas para a concepção de parques urbanos e aponta também novas questões presentes na fala de Koolhaas (1978, 1995) acerca das mudanças de escala e dos novos rumos para o urbanismo, notadamente por uma postura associada ao mercado que direcionou os projetos emblemáticos dos últimos quarenta anos.

O caráter midiático e imagético do parque também deve ser destacado, tendo em vista as mudanças engendradas pela "era Mitterrand" e o papel da França como referência para o urbanismo desde as ações de Haussmman. O parque, mesmo estando deslocado dos principais eixos das intervenções, representa a articulação do conjunto de Paris – áreas centrais e periféricas, por meio dos modais de transporte, demarcando a entrada a nordeste da cidade.

Não obstante, a divulgação do parque e de suas atividades possibilita instruir o usuário quanto à sobreposição das camadas históricas presentes na proposta de Tschumi, por meio de vestígios próprios da visão pós-estruturalista que desloca o referente para dimensão indicial, preconizando a dimensão temporal como parte indispensável à apreensão do conjunto arquitetônico que se obtém pela dissociação de suas partes.

A percepção dinâmica ou a visão cinematográfica define a identidade do sistema proposto por Tschumi, reafirmando seus pressupostos desde *The Manhanttan Transcripts* (1979): a cidade se constitui por diferentes estruturas que se acumularão ao longo do tempo, permitindo a apreensão e percepção das partes e não do todo. É por meio da experiência do deslocamento que se aprende a proposta arquitetônica, a qual propõe uma releitura da vida metropolitana e do seu caos, mediante a escala *bigness* e fusão entre centro e periferia como espaços necessários à vida metropolitana em que múltiplas partes convivem dissociadas entre si e, por vezes, libertas das relações de memória, identidade e lugar, tão defendidas pelos primeiros pós-modernos e confrontadas pelas posturas de Koolhaas e Tschumi.

Fonte das ilustrações
Imagens de 1 a 5 e de 7 a 8: desenho dos autores.
Imagens 6 e de 9 a 13: desenho de Fernando Fuão.

REFERÊNCIAS

ARANTES, O. B. F. *Os Dois Lados da Arquitetura Francesa Pós-Beaubourg*. Novos Estudos. CEBRAP, São Paulo, v. 22, p. 102-134, 1988.

ARANTES, O. B. F. *O lugar da arquitetura depois dos modernos*. São Paulo: Nobel, 1993.

ARANTES, O. B. F. *Urbanismo em fim de linha*. 2 ed. São Paulo: Edusp, 2014.

ARANTES, Pedro Fiori. *Forma, valor e renda na arquitetura contemporânea*. ARS (São Paulo), São Paulo, v. 8, n. 16, p. 85–108, 2010.

BARRÉ, François. Entretien. *Techniques et Architecture*, Paris, n. 370, p. 63-80, mar. 1987.

BENEVOLO, Leonardo. *Arquitetura do novo milênio*. São Paulo: Estação Liberdade, 2007.

BRONSTEIN, Laís. Sobre a Crise do Movimento Moderno. *In:* LASSANCE, Guilherme [et. al.], (orgs.) *Leituras em teoria da arquitetura*. v. 2. Rio de Janeiro: Vianna & Mosley Editora, 2010, p.32-51.

DUARTE, Rovenir Bertola. *6=6? Caminhos, reflexões e o tempo da arquitetura contemporânea.* Arquitextos, São Paulo, ano 11, n. 124.08, Vitruvius, set. 2010 <http://www.vitruvius.com.br/revistas/read/arquitextos/11.124/3573>. Acesso em 24 jun 2012.

ELLIN, Nan. *Postmodern urbanism*. New York, NY: Princeton Architectural Press, 1999.

FIERRO, Annette. *The Glass State:* The Technology of the Spectacle, Paris, 1981–1998. New York: MIT Press, 2003.

KOOLHAAS, Rem; MAU, Bruce. *S, M, L, XL*. Nova York: Monacelli Press, 1995.

KOOLHAAS, Rem. *Delirious New York*. Nova York: Monacelli Press, 1978.

LERUP, Lars. *After the City*. The MIT Press: Cambrigde, 2000.

MALLGRAVE, Harry Francis; GOODMAN, David J. *An Introduction to Architectural Theory:* 1968 to the Present. New York: Wiley-Blackwell. 2011.

MAROT, Sebastián (Ed.). *The city in the city* – Berlin: a green archipelago. A manifesto. New York: Lars Müller Publishers, 2010.

MOHR, U do Silvio. *Os grandes espaços do lazer urbano, arquitetura dos parques públicos: morfologia, tipologia e potencialidades*. 2003. Dissertação (Mestrado em Arquitetura) – Universidade Federal do Rio Grande do Sul, Porto Alegre, 2003.

MONEO, Rafael. *Inquietação Teórica e Estratégia Projetual*. São Paulo: Cosac & Naif, 2008.

MUÑOZ, F. *Urbanalización:* Paisajes Comunes, Lugares Globales. Barcelona, Espanha: Editorial Gustavo Gili, 2008.

NESBITT, K. *Uma nova agenda para a arquitetura:* Antologia teórica (1965-1995). Tradução de Vera Pereira. São Paulo: Cosac Naify, 2008.

PANTALEÃO, Sandra Catharinne. *A condição urbana contemporânea na perspectiva de Rem Koolhaas*. 2016. Tese (Doutorado em Arquitetura e Urbanismo) – Universidade de Brasília, Brasília, 2016.

PINHEIRO, E. P. *Europa, França e Bahia:* difusão e adaptação de modelos urbanos (Paris, Rio e Salvador). 2 ed. Salvador: EDUFBA, 2011.

PUGLISI, Luigi Prestinenza. *New Directions in Contemporary Architecture.* Chichester, 2008.

SECCHI, B. *A cidade do século XX.* São Paulo: Perspectiva, 2009.

SASSEN, S. *As cidades na economia mundial.* São Paulo: Nobel, 1991.

SASSEN, S. The global city introducing a concept. In: *The brown jornal of world affairs.* v. XI, issue 2, winter/spring, 2005, p. 27-43. Disponível em <http://www.saskiasassen.com/pdfs/publications/the-global-city-brown.pdf>. Acesso em 16 mar. 2020.

TSCHUMI, Bernard. *Notations, Diagrams & Sequences.* Artifice Books: London, 2014.

TSCHUMI, Bernard. *Architecture and Disjunction.* London: MIT press, 1996.

VALENÇA, M. M. *Arquitetura de grife na cidade contemporânea, tudo igual, tudo diferente.* Mauad Editora: Rio de Janeiro, 2016.

VÁZQUEZ, Carlos García. *Ciudad hojaldre.* Visiones urbanas del siglo XXI. Barcelona: Gustavo Gili, 2004.

VÁZQUEZ, Carlos García. *Teorías e historia de la ciudad contemporánea.* Editorial Gustavo Gili: Barcelona, 2016.

VENTURI, Robert; IZENOUR, Steven; BROWN, Denise Scott. *Aprendiendo de Las Vegas: el simbolismo olvidado de la forma arquitectónica.* Barcelona: Gustavo Gili, 1977.

VENTURI, Robert. *Complejidad y contradicción en la arquitectura.* Barcelona: Gili, 1992.

SOBRE OS AUTORES

BIANCA RAMIRES SOARES: Arquiteta e Urbanista formada pela Universidade Federal de Pelotas, mestranda em Urbanismo Contemporâneo. Em síntese, uma pessoa interessada em literatura e nas situações urbanas, acreditadora do poder dos textos na reinvenção das práticas.
ramiresbianca@gmail.com

DENIS BORGES DINIZ: Mestre em Filosofia Política pela Universidade Federal de Goiás (2000) e graduado em Filosofia pela Pontifícia Universidade Católica de Goiás (1997). Atualmente, é professor de História da Filosofia Moderna e História da Filosofia Contemporânea no Instituto de Filosofia e Teologia de Goiás (IFITEG).
denisfilosofia@gmail.com

DIRCE ELEONORA NIGRO SOLIS (org.): Professora titular do departamento e do programa de Pós-graduação em filosofia da UERJ; desenvolve pesquisa sobre o pensamento de Jacques Derrida desde os anos 1990. É autora de vários artigos, capítulos de livro e livro sobre o pensamento do autor, com destaques para a obra *Desconstrução e Arquitetura, uma abordagem a partir de Jacques Derrida* (UAPÊ, 2009) e o capítulo *Espectros: Derrida e o Cinema*, do livro *Luz, Câmera, Filosofia* (Ideias & letras, 2013). Organizou, juntamente com Fernando Fuão, o livro *Derrida e Arquitetura*, onde escreveu dois capítulos (EdUERJ, 2014) e organizou, em parceria com Marcelo Moraes, o livro *Políticas do Lugar* (Colec. Querências de Derrida), onde escreveu sobre espacialidades e espectralidades abissais (UFURGS, 2016). É coordenadora na UERJ do Laboratório de Licenciatura e Pesquisa sobre o Ensino de Filosofia - LLPEFIL, em que desenvolveu alguns de seus projetos, dentre eles, o projeto Filosofia e Ensino na visão dos filósofos, no qual trabalha com questões suscitadas por Jacques Derrida.
dssolis@gmail.com

FÁBIO BORGES-ROSARIO: Doutorando em Filosofia pela UFRJ. Pesquisador da Uniperiferias. Professor na Seeduc-RJ. Pesquisador no Grupo de Pesquisa Arquitetura, Derrida e aproximações na UFRGS.
professorfilosofiafabio@gmail.com

JOSÉ CARLOS FREITAS LEMOS: Professor Associado da UFRGS. Graduado em Arquitetura e Urbanismo pela UNISINOS (1991), especialista em Ensino e Pesquisa, pela Arquitetura Ritter dos Reis (1995), e em Patrimônio Cultural, Conservação de Artefatos, pela UFPel (1996), mestre em Planejamento Urbano e Regional, pela UFRGS (2000), e doutor em Educação, pela UFRGS (2010). Atua em Representação, Expressão e Projeto em Arquitetura e Urbanismo. Pesquisa Arquitetura moderna da colonialidade e suas implicações sobre a teoria e a história do desenhar.
jose.lemos@ufrgs.br

SANDRA CATHARINNE PANTALEÃO RESENDE: Professora da Universidade Católica de Goiás e da Universidade Estadual de Goiás – curso de Arquitetura e Urbanismo. Líder do Grupo de Pesquisa Cidade, Morfologia, Paisagem e Morfologia (CIMPARQ - CNPq/PUC Goiás), vice-líder do grupo de pesquisa CIMOP/UEG - Cidade, Morfologia e Projeto e pesquisadora no grupo de pesquisa Cidade e Periferia (FAU/UnB). Atua nos Programas de Pós-graduação em Desenvolvimento e Planejamento Territorial e em História, ambos da PUC/Goiás. Desenvolve pesquisas sobre cidades contemporâneas que apontam reflexões teóricas de importantes personagens da contemporaneidade, como Rem Koolhaas e os desdobramentos da produção da condição urbana contemporânea e do campo ampliado da arquitetura.
pantascp@gmail.com

SIMONE BORGES CAMARGO DE OLIVEIRA: Doutoranda no Programa de Pós-graduação em História da Universidade Federal de Goiás. Linha de pesquisa: Ideias, saberes e escritas da (e na) história. Mestre pelo Programa de Pós-graduação Projeto e Cidade, da Universidade Federal de

Goiás (2016). Especialista em Filosofia, Cultura Memória e Linguagem pela PUC-GO (1998). Graduada em Filosofia pela PUC-GO (1997) e em Arquitetura e Urbanismo pela PUC-GO (1991).
simoneborgesarquiteta@gmail.com

WILTON DE ARAUJO MEDEIROS: Arquiteto (UCG/2001), Mestre em Gestão do Patrimônio Cultural (UCG/2003); Doutor em História (UFG/2010); Pós-doutor em Geografia Urbana (UFPB/2012) e Arquitetura e Urbanismo (USP/2019). Autor do livro O *"outro" sentido da arquitetura e urbanismo: introdução à obra de Edgar Graeff e ensino*. Professor na Universidade Estadual de Goiás, nos cursos de Arquitetura e Urbanismo, e Mestrados profissionais em Ensino de Ciências e em Estudos Culturais, memória e patrimônio.
wilton_68@hotmail.com

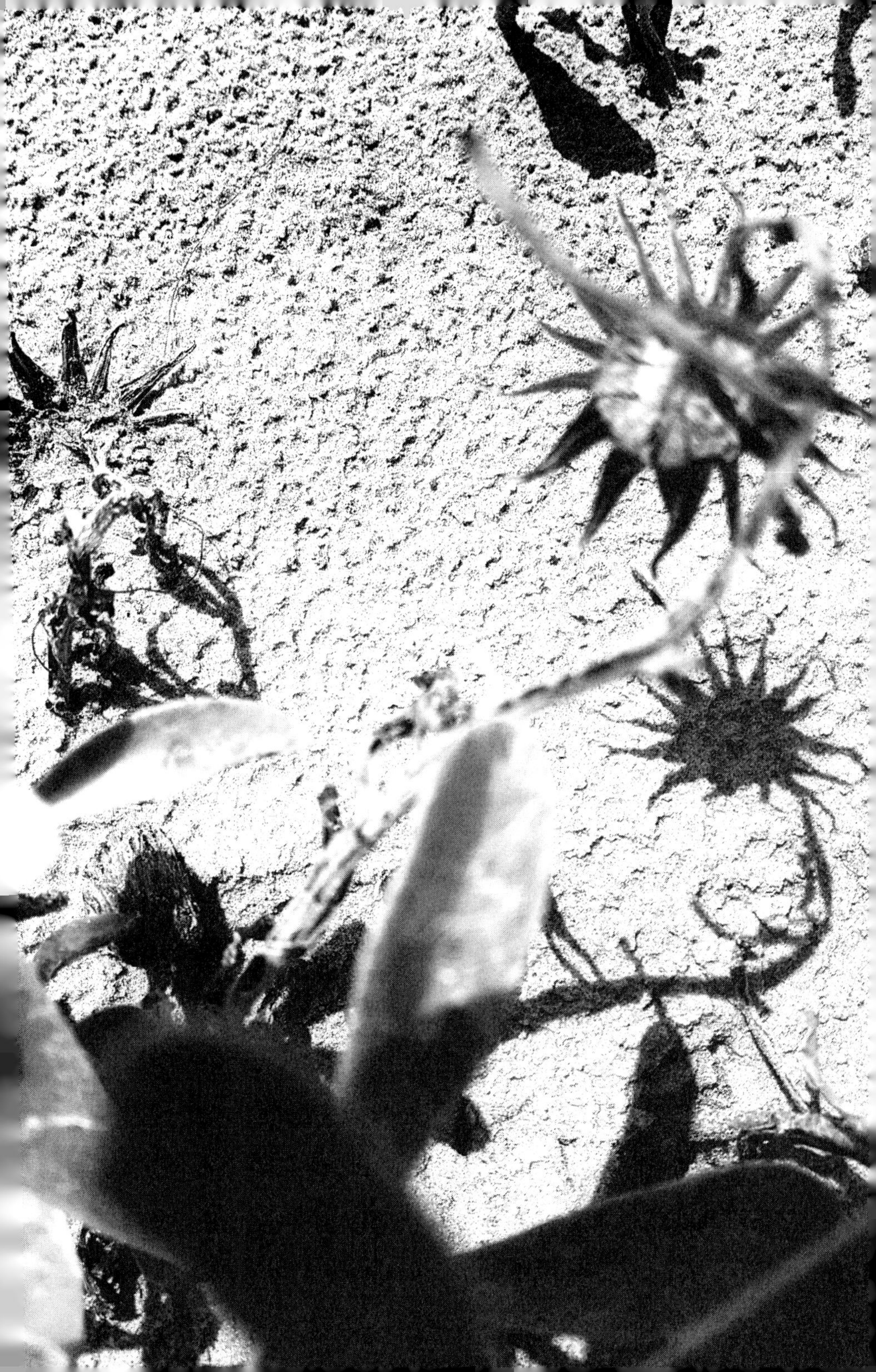

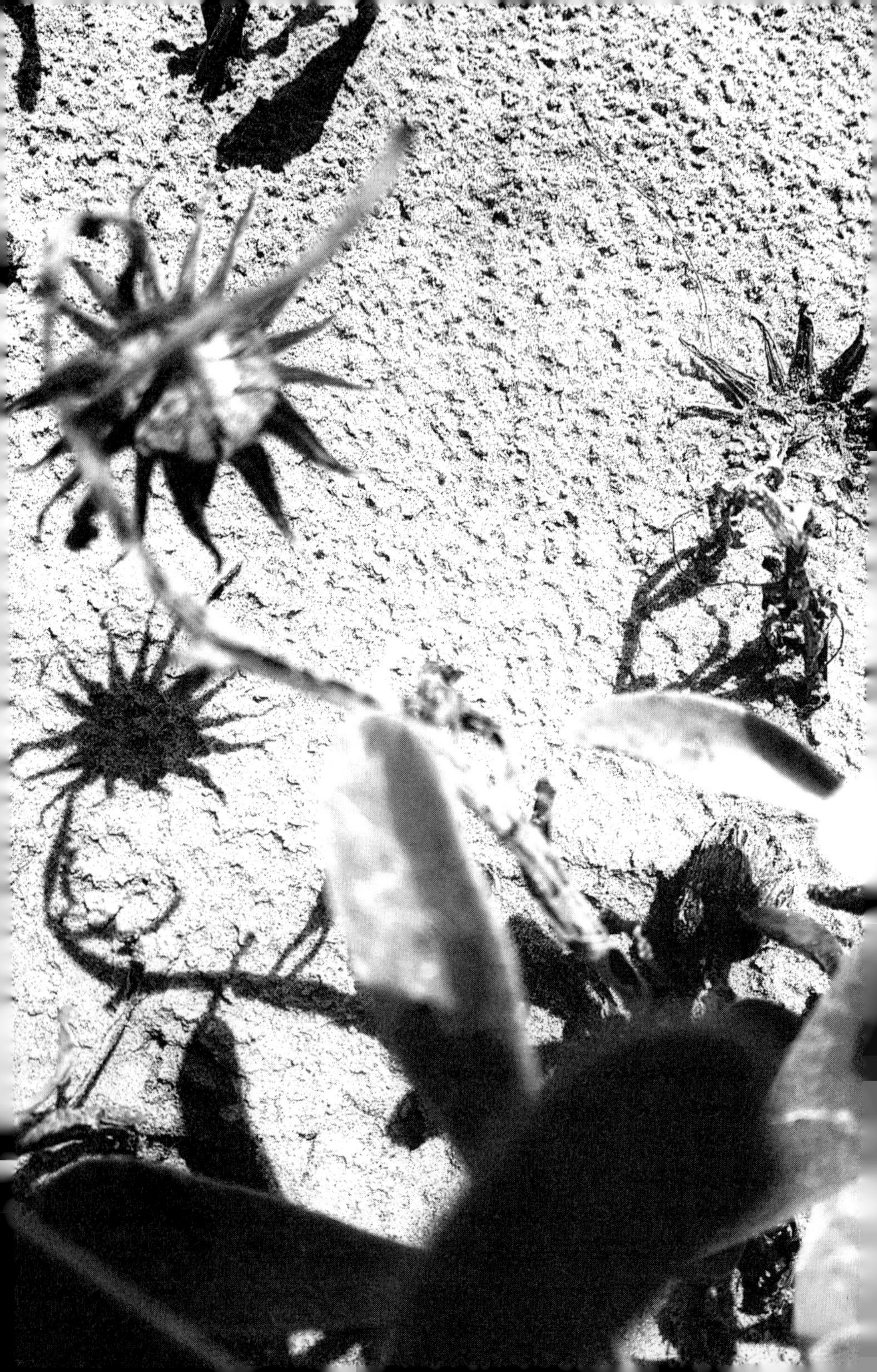